आधार

आपकी पहचान

आधार
आपकी पहचान

महेश दत्त शर्मा

प्रभात
पेपरबैक्स
www.prabhatbooks.com

प्रकाशक

प्रभात पेपरबैक्स

4/19 आसफ अली रोड, नई दिल्ली-110002

फोन : 23289777 • हेल्पलाइन नं. : 7827007777

इ-मेल : prabhatbooks@gmail.com ❖ वेब ठिकाना : www.prabhatbooks.com

संस्करण

2020

मूल्य

एक सौ पच्चीस रुपए

अ.मा.पु.स. 978-93-5266-805-2

मुद्रक

आर-टेक ऑफसेट प्रिंटर्स, दिल्ली

★

AADHAR : Aapki Pahchaan

by Mahesh Dutt Sharma

Published by **PRABHAT PAPERBACKS**

4/19 Asaf Ali Road, New Delhi-110002

ISBN 978-93-5266-805-2

₹125.00

सवा अरब भारतीयों को
विशिष्ट पहचान देनेवाली आधार प्रणाली
को समर्पित

अपनी बात

देश भर में इन दिनों आधार कार्ड की बहुत चर्चा है। यह कार्ड आज भोजन की तरह हमारी अनिवार्यता बन गया है। आधार में महत्त्वपूर्ण क्या है? जवाब में आप कहेंगे—कार्ड। जी नहीं, कार्ड नहीं, इसकी बारह अंकोंवाली संख्या, जो अपने आप में एक अद्वितीय और स्थायी संख्या है। यह संख्या अद्वितीय इसलिए है, क्योंकि यह केवल आप ही को आवंटित की गई है, जिसके द्वारा दुनिया भर में कहीं से भी आपकी पहचान सुनिश्चित की जा सकती है।

अभी पिछले दिनों का एक मजेदार वाकया है। बंगलुरु के एक मानसिक रुग्णालय में आधार कार्ड बनाए जा रहे थे। एक युवक ने जब उँगलियों और पुतलियों के निशान दिए तो सॉफ्टवेयर ने बताया कि उसका कार्ड तो पहले ही बना हुआ है। जाँच की तो पता चला कि वह युवक इंदौर का रहनेवाला है। तब उसके माता-पिता को सूचित किया गया। मानसिक स्थिति खराब होने के कारण वह युवक भटककर बंगलुरु पहुँच गया था, तो इस तरह आधार बिछड़े हुओं को भी मिलवा सकता है। दरअसल आधार तंत्र में जाँच-पड़ताल के लिए डी-डुप्लिकेशन नाम की एक प्रक्रिया है, जिससे किसी भी व्यक्ति के एक से अधिक कार्ड बनने को रोका जा सकता है।

जैसा कि आपको पता ही है, आज आधार नंबर, बैंक एकाउंट, ड्राइविंग लाइसेंस, टिकट बुकिंग, गैस सब्सिडी, पासपोर्ट सहित ज्यादातर सरकारी सुविधाओं के लिए अनिवार्य कर दिया गया है। इसे आसानी से निःशुल्क

अथवा नाममात्र का शुल्क देकर बनवाया और अपडेट कराया जा सकता है।

जैसे जीवन भर के लिए आधार नंबर जरूरी है, वैसे ही यह पुस्तक भी जीवन भर आपका मार्गदर्शन करेगी कि कैसे आधार बनवाएँ और फिर वक्त-जरूरत, समय-समय पर कैसे उसका अपडेशन कराएँ। आधार के व्यापक फायदों को समझानेवाली एक उपयोगी एवं संग्रहणीय पुस्तक।

—**लेखक**

आभार

इस जनोपयोगी पुस्तक को लिखने के लिए अनेक स्रोतों से सहायता सामग्री जुटाई गई है, जिनमें व्यक्तिगत स्रोतों से लेकर अनेक ज्ञात-अज्ञात स्रोत शामिल हैं। हम उन सभी का हृदय से धन्यवाद ज्ञापित करते हैं। पुस्तक का मूल उद्देश्य लाभ कमाना नहीं, अपितु आधार विषयक उपयोगी जानकारी को जन-जन तक पहुँचाना है। हम निम्नलिखित स्रोतों का भी आभार व्यक्त करते हैं।

1. https://uidai.gov.in/
2. https://incometaxindiaefiling.gov.in/e-Filing/Services/LinkAadhaarPrelogin.html
3. https://hi.wikipedia.org/...
4. www.deepawali.co.in/aadhar-card-in-hindi.html
5. https://hindi.brutallyhonest.in › Home
6. www.aadharcard.com/
7. https://hindi.oneindia.com
8. www.livehindustan.com/tags/aadhar-card
9. https://hindijaankaari.in-schemekhabarlahariya.org/
10. https://www.youthkiawaaz.com/.../mid-day-meal-scheme-and-man
11. thewirehindi.com/.../compulsory-adhar-card-is-a-hurdle-in-mid-da.
12. https://www.youthensnews.com/government-not-mendatary-aadhar

13. www.governmentschemesindia.in
14. hindi.aadharcarduid.com/download-online-eaadhaar
15. https://www.india.gov.in/hi
16. http://www.cscdigitalsevakendra.in
17. hindi.gizbot.com
18. www.enterhindi.com
19. www.indiaepay.com
20. hindi.oneindia.com

अनुक्रम

AADHAR

1

आपका आधार, आपकी पहचान

वर्ष 1993 में भारत के प्रत्येक नागरिक को मतदाता फोटो पहचान-पत्र के साथ-साथ एक विशेष पहचान-पत्र मुहैया कराने का विचार अपनाया गया। बाद में 2003 में बहु-उद्देशीय राष्ट्रीय पहचान-पत्र (एम.एन.आई. सी.) का विचार सामने आया, लेकिन पहली बार 3 मार्च, 2006 को संचार व सूचना प्रौद्योगिकी मंत्रालय ने गंभीरता के साथ बी.पी.एल. परिवारों को 'यूनिक आई.डी.' जारी करने की प्रशासनिक मंजूरी दी। विभिन्न सुझावों व विकास क्रम से गुजरते हुए जनवरी 2009 में सचिवों की एक समिति ने यू.आई. डी.ए.आई. के गठन की सिफारिश की, जिसे योजना आयोग ने अधिसूचित किया। नंदन नीलेकणी इसके पहले सूत्रधार नियुक्त किए गए। अंततः पहली आधार संख्या 29 सितंबर, 2010 को महाराष्ट्र के नंदुरबार के एक व्यक्ति को जारी की गई।

आधार कार्ड एक परिचय-पत्र है, जिसे भारतीय विशिष्ट पहचान प्राधिकरण के नाम से जाना जाता है। हमारे देश में भिन्न-भिन्न पहचान-पत्र का उपयोग किया जाता है, जिसके कारण कई तरह की समस्या उत्पन्न होती हैं; जैसे ड्राइविंग लाइसेंस को हर जगह पहचान-पत्र की तरह मान्यता नहीं दी गई है। उसी तरह पैन कार्ड में भी एड्रेस न होने के कारण उसके साथ एड्रेस प्रूफ लगाना आवश्यक होता है। मतदाता प्रमाण-पत्र एक उचित प्रमाण-पत्र माना गया है, जो सभी जगह मान्य है, लेकिन यह 18 वर्ष की आयु के बाद ही बनता है।

इस दृष्टि से आधार कार्ड एक अद्वितीय कार्ड है। यह एक महत्त्वपूर्ण परिचय-पत्र है, जो कि आपके भारत का नागरिक होने का सबूत देता है, जिसे यू.आई.डी.ए.आई. (भारतीय विशिष्ट पहचान प्राधिकरण) एजेंसी के जरिए भारत में लाया गया। 2009 में भारत सरकार ने आधार कार्ड को विशेष एवं जरूरी पहचान के तौर पर देश में लागू किया।

आधार कार्ड बनवाने का मुख्य उद्देश्य भारत के प्रत्येक नागरिक को एक अद्वितीय आइडेंटिटी कार्ड प्रदान करना है। आधार कार्ड बनाने के लिए नागरिकों को विशेष एवं अद्वितीय दस्तावेज जैसे पते का प्रमाण (वोटर आई.डी., ड्राइविंग लाइसेंस, बिजली बिल) इसके अलावा बायोमीट्रिक विवरण जैसे फिंगर प्रिंट्स एवं आँखों के प्रिंट को सबमिट करना होता है। इसके बाद उस नागरिक को एक आइडेंटिफिकेशन नंबर प्रदान किया जाता है, जो कि एक सबूत होता है कि वह भारत का नागरिक है और उसकी पूरी जानकारी भारत के विशेष डेटाबेस में सुरक्षित होती है, जो कि देश की सुरक्षा के लिए महत्त्वपूर्ण है।

आधार कार्ड भारत की पहला ऐसा प्रमाण-पत्र है, जिसमें पहचान, पता, जन्म और अन्य प्रमाण-पत्र प्रत्येक व्यक्ति के लिए एक ही कार्ड में हैं, यहाँ तक कि यह बच्चों के लिए भी है। आधार कार्ड भारत के किसी भी स्थान पर वैध और स्वीकार किया गया है। आधार कार्ड से बैंक खाता, मोबाइल, एलपीजी कनेक्शन, ट्रेन यात्रा जैसे अन्य कोई भी लाभ उठा सकते हैं।

इसमें अद्वितीय नंबर, अद्वितीय आई.डी. होती है, जो कि हर एक की अलग-अलग होती है। बैंक में खाता खोलने के लिए यह उपयोग किया जाता है। मोबाइल नंबर के कनेक्शन के लिए भी इसका उपयोग किया जा सकता है। नया गैस सिलिंडर पाने में यह बहुत सहायक होता है। नया पासपोर्ट बनवाने या इसके लिए आवेदन देने के लिए भी यह सहायक है। पैन कार्ड बनवाने में भी यह मदद करता है। इसकी सहायता से किसी की भी टिकट बुकिंग जैसे रेलवे, एयर टिकट आदि बनवाई जा सकती है।

आधार कार्ड के जरिए नागरिक के सत्यापन की विधि आसानी से हो

जाने के कारण कई तरह के काम जल्दी हो जाते हैं, जैसे पासपोर्ट बनवाने की प्रक्रिया में देरी नहीं होती।

आधार कार्ड गरीब और वंचित निवासियों को औपचारिक बैंकिंग प्रणाली जैसी सेवाओं तक पहुँचाने और उन्हें आसानी से सरकार और निजी क्षेत्र द्वारा प्रदान की जानेवाली अन्य सेवाओं का लाभ उठाने का अवसर प्रदान करने में सक्षम है। नागरिकों का संपूर्ण डेटा एक जगह होने से देश में कई तरह की परेशानियों से राहत मिलती है।

आधार कार्ड का आज के समय में बहुत महत्त्व है। यह एक ऐसा प्रमाण है, जिसमें आपकी सभी तरह की जानकारी निहित होती है। आधार के निर्माण का मुख्य उद्देश्य हमारे भारत के नागरिकों के लिए एक अद्वितीय और सर्वभौमिक पहचान-पत्र तैयार करना है, जो विभिन्न सेवाओं का लाभ उठाने के लिए विभिन्न दस्तावेजों की आवश्यकता को नकारने में मदद करता है।

भारत सरकार विशेष नागरिकों को सब्सिडी प्रदान करती है, हालाँकि इस तरह के कल्याण का अकसर दुरुपयोग किया गया है। आधार संख्या का उद्देश्य इस समस्या को सुलझाने में मदद करना था और साथ ही यह सुनिश्चित करना था कि जिसे कल्याण की आवश्यकता है या जो इसके योग्य है, वह इसे प्राप्त करे। आधार भी एक पहचान मानी जाती है, जो शिक्षा के अधिकार और सर्व शिक्षा अभियान जैसे सरकारी कार्यक्रमों में शामिल होने के लिए किसी व्यक्ति की पात्रता को साबित करती है।

पहले डी.बी.टी.एल. योजना के अनुसार, जिन लोगों के पास आधार कार्ड था, वे इसे गैस सिलिंडरों पर सब्सिडी का फायदा उठाने के लिए इस्तेमाल करते हैं, इसका लाभ उठाने के लिए उनके पास आधार कार्ड होता है, जो कि बैंक खाते और गैस कनेक्शन से जुड़ा होता है।

जब नई लैंडलाइन या सेल फोन लेने की बात आती है तो लोगों को कई तरह के दस्तावेज देने पड़ते हैं, लेकिन आधार कार्ड से किसी भी दस्तावेज की आवश्यकता नहीं होती। इसका उपयोग के.वाई.सी. दस्तावेजों को बदलने में भी होता है, जैसे पहचान प्रमाण, पते का प्रमाण।

आधार कार्ड संख्या से जुड़े हुए बैंक खाते के द्वारा, यदि आप सरकारी कल्याणकारी योजना के योग्य हैं और आपको मौद्रिक अग्रिमों को प्राप्त करने की आवश्यकता है, तो आप इसे अपने लिंक किए हुए बैंक खाते में जल्द ही स्थानांतरित कर सकते हैं।

आधार कार्ड में वैधता नहीं है, यानी किसी व्यक्ति के लिए जीवन भर के लिए मान्य रहता है।

□

2

भारतीय विशिष्ट पहचान प्राधिकरण

भारतीय विशिष्ट पहचान प्राधिकरण (यू.आई.डी.ए.आई.) एक सांविधिक प्राधिकरण है, जिसकी स्थापना भारत सरकार द्वारा आधार अधिनियम, 2016 के प्रावधानों के अंतर्गत, इलेक्ट्रॉनिक्स एवं सूचना प्रौद्योगिकी मंत्रालय के अंतर्गत 12 जुलाई, 2016 को की गई। भारतीय विशिष्ट पहचान प्राधिकरण का मुख्यालय नई दिल्ली में है और देश भर में आठ क्षेत्रीय कार्यालय हैं। यू.आई.डी.ए.आई. के दो डेटा सेंटर, एक हेब्बल (बंगलुरु) कर्नाटक में और दूसरा मानेसर (गुरुग्राम) हरियाणा में है।

यू.आई.डी.ए.आई. की स्थापना भारत के सभी निवासियों को 'आधार' नाम से एक विशिष्ट पहचान संख्या (यू.आई.डी.) प्रदान करने हेतु की गई थी, ताकि इसके द्वारा दोहरी और फर्जी पहचान समाप्त की जा सके और उसे आसानी से एवं किफायती लागत में सत्यापित और प्रमाणित किया जा सके।

प्राधिकरण में एक अंशकालिक अध्यक्ष, दो अंशकालिक सदस्य और एक मुख्य कार्यपालक अधिकारी, जो प्राधिकरण के सदस्य सचिव भी होंगे, की नियुक्ति की जाती है।

आधार किसी निवासी को दी गई आजीवन अद्वितीय रेंडम बारह अंकों की संख्या है, जिसका सत्यापन कहीं से भी ऑनलाइन किया जा सकता है। आधार केवल 'हाँ' या 'नहीं' में सत्यापन करता है। प्राधिकरण द्वारा अब तक 111 करोड़ से अधिक भारतीय निवासियों को आधार नंबर प्रदान किए जा चुके हैं।

प्राधिकरण के लक्ष्य और उद्देश्य

- भारत के निवासियों को एक विशिष्ट पहचान उपलब्ध करना, जिसे डिजिटल माध्यम से कहीं भी, कभी भी सत्यापित किया जा सके।
- एक अच्छी तरह से परिभाषित समय-सीमा और कड़े गुणवत्ता मेट्रिक्स का पालन करते हुए सर्वत्र निवासियों को आधार नंबर प्रदान करना।
- ऐसी संरचना बनाना, जो निवासियों को उनकी डिजिटल पहचान को अद्यतन रखने व सत्यापित करने में सुविधाजनक हो।
- आधार का लाभ उठाकर निवासियों को प्रभावी, दक्ष्य व निष्पक्ष सेवा मिल सके, इस हेतु भागीदारों व सेवा प्रदाताओं के साथ कार्य करना।
- नवोत्थान को प्रोत्साहित करना, जिसके लिए सरकारी व गैर-सरकारी संस्थाओं द्वारा आधार से जुड़े एप्लीकेशंस बनवाने हेतु मंच प्रदान करना।
- आधार की तकनीकी संरचना की उपलब्धता, विस्तार व लचीलापन सुनिश्चित करना।
- भारतीय विशिष्ट पहचान प्राधिकरण के लक्ष्यों व आदर्शों को बढ़ावा देने हेतु एक मजबूत व दीर्घकालिक संगठन बनाना।
- विश्व के विभिन्न क्षेत्रों में उपलब्ध सर्वोत्तम निपुणताओं को भागीदारी के आधार पर भारतीय विशिष्ट पहचान प्राधिकरण हेतु उपयोग में लाना।

प्राधिकरण के बुनियादी मूल्य

- सत्यनिष्ठा।
- समावेश पर आधारित राष्ट्र निर्माण।
- निवासियों तथा सेवा-प्रदाताओं को उत्कृष्ट सेवा प्रदान करना।
- निरंतर समुन्नति व गुणवत्ता में सुधार।

संगठनात्मक संरचना

भारतीय विशिष्ट पहचान प्राधिकरण (यू.आई.डी.ए.आई.) का मुख्यालय (एच.क्यू.) नई दिल्ली में है और देश भर में आठ क्षेत्रीय कार्यालय (आर.ओ.) हैं। यू.आई.डी.ए.आई. के दो डेटा सेंटर, एक हेब्बल (बंगलूरु) कर्नाटक में और दूसरा मानेसर (गुरुग्राम) हरियाणा में है।

प्राधिकरण की संरचना

प्राधिकरण में एक अंशकालिक अध्यक्ष, दो अंशकालिक सदस्य और एक मुख्य कार्यपालक अधिकारी, जो प्राधिकरण के सदस्य सचिव भी होंगे, की नियुक्ति की जाती है।

मुख्यालय

मुख्यालय में मुख्य कार्यपालक अधिकारी (सी.ई.ओ.) के सहयोग हेतु भारत सरकार के संयुक्त सचिव स्तर के सात अधिकारी बतौर उपमहानिदेशक (डी.डी.जी.) यू.आई.डी.ए.आई. के विभिन्न स्कंधों के प्रभारी के रूप में कार्यरत हैं। उपमहानिदेशक (डी.डी.जी.) के सहयोग हेतु सहायक महानिदेशकों (ए.डी.जी.) उपनिदेशकों, अनुभाग अधिकारियों एवं सहायक अनुभाग अधिकारियों की नियुक्तियाँ की गई हैं। मुख्यालय में लेखा और आई.टी. शाखा सहित कुल 127 अधिकारी और कर्मचारी स्वीकृत हैं।

क्षेत्रीय कार्यालय

यू.आई.डी.ए.आई. के प्रत्येक क्षेत्रीय कार्यालय के प्रमुख उपमहानिदेशक (डी.डी.जी.) हैं, जिनके सहयोग हेतु सहायक महानिदेशक, उपनिदेशक, अनुभाग अधिकारी, सहायक अनुभाग अधिकारी, वरिष्ठ लेखा अधिकारी, लेखाकार एवं वैयक्तिक कर्मचारी शामिल हैं।

क्षेत्रीय कार्यालय (आर.ओ.) और क्षेत्रीय कार्यालय के अंतर्गत आनेवाले राज्यों/संघ राज्य क्षेत्रों की सूची निम्नानुसार है—

क्षेत्रीय कार्यालय बंगलुरु—कर्नाटक, केरल, तमिलनाडु, पुडुचेरी, लक्षद्वीप।

क्षेत्रीय कार्यालय चंडीगढ़—जम्मू-कश्मीर, पंजाब, हरियाणा, हिमाचल प्रदेश और संघ शासित प्रदेश चंडीगढ़।

क्षेत्रीय कार्यालय, दिल्ली—उत्तराखंड, मध्य प्रदेश, दिल्ली और राजस्थान।

क्षेत्रीय कार्यालय गुवाहाटी—असम, अरुणाचल प्रदेश, मेघालय, मणिपुर, नागालैंड, मिजोरम, त्रिपुरा और सिक्किम।

क्षेत्रीय कार्यालय, हैदराबाद—आंध्र प्रदेश, तेलंगाना, ओड़िशा, छत्तीसगढ़, अंडमान और निकोबार।

क्षेत्रीय कार्यालय लखनऊ—उत्तर प्रदेश।

क्षेत्रीय कार्यालय मुंबई—गुजरात, महाराष्ट्र, गोवा, दादर एवं नगर हवेली, दमन एवं दीव।

क्षेत्रीय कार्यालय राँची—बिहार, झारखंड और पश्चिम बंगाल।

वित्त एवं बजट

उप-महानिदेशक (वित्त) वित्त प्रभाग (एफ.डी.) के प्रमुख हैं, जो यू.आई.डी.ए.आई. के वित्तीय सलाहकार भी हैं। वित्त प्रभाग द्वारा मुख्य कार्यकारी अधिकारी को वित्तीय निहितार्थ सभी मामलों में पेशेवर परामर्श उपलब्ध कराया जाता है।

वित्त प्रभाग बजट फार्मूलेशन, आउटकम बजट, बजट परफॉरमेंस, खर्चे एवं रोकड़ प्रबंधन और वित्तीय प्रस्तावों की जाँच के लिए उत्तरदायी है।

वित्तीय परामर्श/सहमति

- वित्तीय खर्चों में समुचित मूल्यांकन के लिए नीति एवं कार्यक्रम प्रतिपादन गतिविधियों में सहयोग करना।
- मंत्रिमंडलीय/ई.एफ.सी./एस.एस.सी. प्रस्तावों और संशोधित लागत

आकलन प्रस्तावों पर परामर्श देना।

- वित्तीय शक्तियों के प्रत्यायोजन से संबंधित परामर्श।
- सी.एफ.ए. के एक्सेप्टेंस ऑफ नेसेसिटी (ए.ओ.एल.) और एक्सपेंडिचर एंगल सैंकशन (ई.ए.एस.) हेतु सरकारी खर्चों/वित्तीय प्रस्तावों की स्वीकृति से संबंधित सभी मामलों में परामर्श प्रदान करना।
- नियमों, विनियमों, प्रचालन आवश्यकताओं और अपेक्षित क्रम के परिपेक्ष्य में प्रस्तावों का मूल्यांकन।
- टेंडर/आर.एफ.पी. डॉक्यूमेंट्स, करार संशोधन सहित करारों की वित्तीय दृष्टि से जाँच।
- विभिन्न समितियों में वित्त प्रतिनिधि का नामांकन और भागीदारी (सी.ए.बी. टेंडर ओपनिंग एवं इवेल्यूएशन कमेटी, कमर्शियल नेगोसिएशन कमेटियाँ, अन्य कमेटियाँ)।
- आंतरिक नियंत्रण प्रणाली प्रोक्यूरमेंट मैनुअल के अनुसार अपेक्षित श्रम और वित्त मंत्रालय की विभिन्न अधिप्राप्तियों एवं कॉण्ट्रेक्ट्स के संबंध में नियमों एवं विनियमों की अनुपालना।

बजट की तैयारी

- बजट और उसके संबंधित कार्य (बजट प्राक्कलन, संशोधित प्राक्कलन और अनुपूरण अनुदान)।
- मुख्यालय और क्षेत्रीय कार्यालयों में कार्यशील प्रभागों हेतु बजट आवंटन।
- अंतिम बजट आवश्यकताओं की तैयारी और बची हुए शेष राशि को समय पर वापस और पुनर्विनियोग करना।
- यू.आई.डी.ए.आई. से संबंधित कार्यों हेतु गठित वित्त संबंधी संसदीय स्थायी समिति के कार्य।

व्यय पर निगरानी

- स्वीकृत अनुदान के अनुसार खर्चों-व्ययों की प्रगति की मासिक निगरानी एवं समीक्षा।
- व्यय विभाग द्वारा मितव्ययिता/खर्चों की तर्कसंगत व्यवस्था संबंधी जारी निर्देशों की अनुपालना सुनिश्चित करना।
- वेतन एवं लेखा कार्यालय (पी.ए.ओ.) का प्रबोधन कार्य।

आंतरिक लेखा परीक्षण

- आंतरिक लेखा परीक्षण योजना तैयार करना। मुख्यालय का तिमाही लेखा परीक्षण, मुख्यालय में कार्यशील विभागों का वार्षिक निष्पादन लेखा परीक्षण और आर.ओ./तकनीकी केंद्र का वार्षिक लेखा परीक्षण और उसके लिए कर्मचारियों की तैनाती।
- आंतरिक लेखा परीक्षण रिपोर्ट को अंतिम रूप देकर संबंधित विभाग/क्षेत्रीय कार्यालयों/तकनीकी केंद्र को जारी करना।
- आंतरिक लेखा परीक्षण टिप्पणियों के अनुपालन में अनुवर्ती काररवाई करना।

अन्य गतिविधियाँ

- सी.ए.जी./पी.ए.सी./यू.आई.डी.ए.आई. के संदर्भ में ऑडिट पैरा से संबंधित मामले।
- कार्यालय लेखा परीक्षा महानिदेशक (पी ऐंड टी), नई दिल्ली द्वारा जारी ऑडिट पैरा पर कार्यशील विभागों के उत्तर/अनुपालना की जाँच/समीक्षा।
- सी.ए.जी. पैरा पर एक्शन टेकन नोट तैयार करना।
- वार्षिक रिपोर्ट, आर्थिक सर्वेक्षण, मासिक पी.एम.ओ. रिपोर्ट हेतु सामग्री उपलब्ध कराना।
- यू.आई.डी.ए.आई. के अधिकारियों के विदेश प्रतिनियुक्ति प्रस्तावों की जाँच और सहमति।

यू.आई.डी.ए.आई. शिकायत निवारण

यू.आई.डी.ए.आई. मुख्यालय में शिकायतें निम्नलिखित माध्यमों से प्राप्त होती हैं—

ऑफलाइन मोड

इस मोड द्वारा शिकायतें डाक/हार्डकॉपी के जरिए प्राप्त होती हैं। शिकायतों की जाँच की जाती है और सहायक महानिदेशक, जो यू.आई. डी.ए.आई. के जन शिकायत अधिकारी हैं, के अनुमोदन से उसे हार्डकॉपी के रूप में संबंधित क्षेत्रीय कार्यालय/मुख्यालय के संबंधित अनुभाग को अग्रसर कर दिया जाता है। संबंधित क्षेत्रीय कार्यालय/संबंधित अनुभाग द्वारा यू.आई. डी.ए.आई., मुख्यालय शिकायत एकक को सूचित करते हुए शिकायतकर्ता को सीधे उत्तर दिया जाता है। अंतरिम उत्तर आवश्यकतानुसार संबंधित क्षेत्रीय कार्यालय मुख्यालय के संबंधित अनुभाग द्वारा दिए जाते हैं।

ऑनलाइन मोड

इस मोड में, शिकायतें पोर्टल के माध्यम से प्राप्त की जाती हैं। पोर्टल में निम्नलिखित मोड हैं—

- डी.पी.जी. (लोक शिकायत निदेशालय)
- डी.ए.आर.पी.जी. (प्रशासनिक सुधार और लोक शिकायत विभाग)
- संरक्षक संगठन
- प्रत्यक्ष प्राप्तियाँ
- राष्ट्रपति सचिवालय
- पेंशन
- मंत्रियों के कार्यालय
- प्रधानमंत्री कार्यालय

शिकायतों की जाँच की जाती है और सहायक महानिदेशक, जो यू.आई. डी.ए.आई. के जन शिकायत अधिकारी हैं, के अनुमोदन से संबंधित क्षेत्रीय

कार्यालय मुख्यालय के संबंधित अनुभागों को ऑनलाइन माध्यम से अग्रेषित कर दिया जाता है। तत्पश्चात् संबंधित क्षेत्रीय कार्यालय/संबंधित अनुभाग द्वारा शिकायत का निपटान ऑनलाइन माध्यम से किया जाता है। आवश्यकतानुसार अंतरिम उत्तर संबंधित क्षेत्रीय कार्यालय/मुख्यालय के संबंधित अनुभाग द्वारा दिया जाता है।

इ-मेल द्वारा

कई बार, शिकायतें इ-मेल के माध्यम से प्राप्त होती हैं। इन इ-मेल की जाँच की जाती है और हार्ड-कॉपी के रूप में संबंधित क्षेत्रीय कार्यालय/मुख्यालय के संबंधित अनुभागों को अग्रेषित कर दिया जाता है। संबंधित क्षेत्रीय कार्यालय/मुख्यालय का संबंधित अनुभाग शिकायत एकक को सूचित करते हुए मेल के माध्यम से उत्तर देकर शिकायत का निपटान करता है।

संपर्क केंद्र द्वारा

यू.आई.डी.ए.आई. द्वारा संपर्क केंद्र स्थापित किया गया है। निवासियों, रजिस्ट्रार और नामांकन एजेंसियों को इस प्रणाली का उपयोगकर्ता माना गया है। नामांकन के इच्छुक किसी भी निवासी को नामांकन संख्या सहित मुद्रित पावती दी जाती है, जो संपर्क केंद्र से किसी भी संचार माध्यम द्वारा निवासी को उसके नामांकन स्तर की पूछताछ के योग्य बनाती है।

संपर्क केंद्र विवरण

वायस — 1947

फैक्स — 080-2353 1947

पत्र — पोस्ट ऑफिस बॉक्स 1947, जी.पी.ओ. बंगलुरु-560001

आधार संख्या

आधार संख्या प्राधिकरण द्वारा निर्धारित सत्यापन प्रक्रिया को पूरा करने के उपरांत यू.आई.डी.ए.आई. द्वारा भारत के सभी निवासियों को जारी की

जानेवाली 12 अंकों की एक रैंडम संख्या है। किसी भी आयु का कोई भी व्यक्ति, जो भारत का निवासी है, बिना किसी लिंग भेद के आधार संख्या प्राप्ति हेतु स्वेच्छा से नामांकन करवा सकता है। नामांकन के इच्छुक व्यक्ति को नामांकन प्रक्रिया के दौरान, जो पूरी तरह से लागतरहित है, न्यूनतम जनसांख्यिकीय और बायोमीट्रिक सूचना उपलब्ध करवानी होती है। किसी भी व्यक्ति को आधार हेतु नामांकन केवल एक बार करना होता है और डी-डुप्लिकेशन प्रणाली के जरिए विशिष्टता प्राप्त की जाती है, डी-डुप्लिकेशन के बाद केवल एक आधार ही सृजित किया जाता है।

आधार संख्या 12 अंकों की एक संख्या है। वही भारत के नागरिक होने का सबूत है, जिसके जरिए व्यक्ति के डेमोग्राफिक एवं बायोग्राफिक तरीके से सत्यापित होने का प्रमाण मिलता है। यह उस व्यक्ति की भी पूरी जानकारी रखता है। जब किसी व्यक्ति को आधार संख्या सौंपी जाती है तो उसे 12 अंकों का नंबर दिया जाता है। इस नंबर में 12 अंक होते हैं, ताकि 100 अरब लोगों की पहचान को विभिन्न संख्याओं के तहत जमा किया जा सके। ये 100 अरब पहचान आधार संख्या के शुरुआत के 11 अंकों द्वारा प्रदान किए गए हैं और आखिरी अंक डेटा प्रविष्टि में त्रुटियों को रोकने में मदद करने के लिए एक चेक-अंक के रूप में होता है।

आधार के बारे में एक गलत धारणा यह है कि लोग इसे केवल एक कार्ड समझते हैं, लेकिन सच्चाई यह है कि आधार के साथ मुख्य चीज कार्ड नहीं है, बल्कि संख्या है। यही किसी भी व्यक्ति के लिए महत्त्वपूर्ण है। यदि आपके पास आधार कार्ड नहीं है और आपको आधार नंबर याद है, तो आपको कार्ड की कोई आवश्यकता नहीं है, केवल आधार नंबर ही पर्याप्त है, इससे आप अपना कार्ड भी निकलवा सकते हैं।

भारत सरकार द्वारा लगभग सभी सरकारी योजनाओं के लिए आधार कार्ड को अनिवार्य किया जा रहा है। फर्जी वोटिंग को रोकने और मतदान प्रक्रिया को पारदर्शी बनाने की कवायद में आपके मतदाता पहचान-पत्र को आधार से लिंक किया जा रहा है।

आधार में निहित जानकारियाँ

1. जनसांख्यिकीय सूचना

नाम, जन्मतिथि (सत्यापित) अथवा आयु (घोषित), लिंग, पता, मोबाइल नंबर (ऐच्छिक) और इ-मेल आई.डी. (ऐच्छिक)।

2. बॉयोमीट्रिक सूचना

दस उँगलियों के निशान, दो आइरिस स्कैन और चेहरे की तसवीर।

आधार नंबर ऑनलाइन विधि द्वारा प्रमाणीय दस्तावेज है। डुप्लीकेट और फर्जी पहचान समाप्त करने के लिए यह अद्वितीय और काफी मजबूत है और विभिन्न सरकारी कल्याण योजनाओं और सेवाओं के प्रभावी वितरण, पारदर्शिता और सुशासन को बढ़ावा देने हेतु एक बुनियादी/प्राथमिक पहचान के रूप में इसे इस्तेमाल किया जा सकता है। यह दुनिया भर में अपनी तरह का एकमात्र कार्यक्रम है, जिसमें बड़े पैमाने पर लोगों को स्टेट ऑफ द आर्ट डिजिटल और ऑनलाइन पहचान निःशुल्क प्रदान की जा रही है, जिससे देश में सेवा वितरण कार्यों की संभावाना को बदलने की क्षमता है।

आधार नंबर पहचान का सबूत है, तथापि यह आधार नंबर धारक को नागरिकता और अधिवास संबंधी कोई अधिकार प्रदान नहीं करता। यह जाति, धर्म, आय, स्वास्थ्य और भूगोल के आधार पर लोगों की बाह्य रूपरेखा भी नहीं है। सामाजिक और वित्तीय समावेशन, सार्वजनिक क्षेत्र के वितरण सुधारों, राजकोषीय बजट की प्रबंधन सुविधा बढ़ाने के लिए और लोगों को परेशानीरहित शासन प्रदान करने को बढ़ावा देने के लिए आधार एक रणनीतिक नीति उपकरण है। आधार कार्ड को एक स्थायी वित्तीय पते के रूप में और समाज के वंचित और कमजोर वर्ग के वित्तीय समावेशन की सुविधा के लिए इस्तेमाल किया जा सकता है और इसलिए वितरणात्मक न्याय और समानता के लिए यह एक उपकरण है। आधार पहचान मंच 'डिजिटल इंडिया' के प्रमुख स्तंभों में से एक है, जिसमें देश के प्रत्येक निवासी को एक अद्वितीय पहचान प्रदान की गई है।

अद्वितीयता, प्रमाणीकरण, वित्तीय पते और इ-केवाईसी जैसी अपने में

निहित विशेषताओं के साथ आधार पहचान मंच, निवासी की आधार संख्या का प्रयोग करके विभिन्न सब्सिडी, लाभ और सेवाओं के वितरण हेतु भारत सरकार को देश के निवासियों तक सीधे पहुँचने में सक्षम बनाता है। आधार कार्ड की विशेषताएँ निम्नलिखित हैं—

अद्वितीयता

आधार संख्या को जनसांख्यिकीय और बायोमीट्रिक डी–डुप्लिकेशन की प्रक्रिया से हासिल किया गया है। डी–डुप्लिकेशन प्रक्रिया में यह जाँचने के लिए कि क्या व्यक्ति पहले से ही डेटा बेस में है अथवा नहीं; नामांकन प्रक्रिया के दौरान एकत्र की गई निवासी की जनसांख्यिकीय/बॉयोमीट्रिक जानकारी की यू.आई.डी.ए.आई. के डेटाबेस के रिकॉर्ड के साथ तुलना की जाती है। निवासी के आधार हेतु केवल एक बार ही नामांकन की आवश्यकता है और डी–डुप्लिकेशन के बाद केवल एक आधार ही सृजन किया जाता है। यदि निवासी एक से अधिक बार नामांकन करवाता है तो उत्तरवर्ती नामांकन रद्द कर दिए जाते हैं।

पोर्टेबिलिटी

आधार राष्ट्रव्यापी पोर्टेबिलिटी प्रदान करता है, क्योंकि यह कहीं भी ऑनलाइन प्रमाणीकृत किया जा सकता है। यह महत्त्वपूर्ण है, क्योंकि लाखों भारतीय एक राज्य से दूसरे राज्य अथवा ग्रामीण क्षेत्र से शहरी केंद्र आदि में प्रवास करते हैं।

रेंडम संख्या

आधार संख्या रेंडम नंबर है, जिसमें किसी प्रकार की असूचना नहीं है। नामांकन के इच्छुक व्यक्ति को नामांकन प्रक्रिया के दौरान जनसांख्यिकीय और बायोमीट्रिक जानकारी उपलब्ध करवानी होती है। आधार नामांकन प्रक्रिया में जाति, धर्म, आय, स्वास्थ्य, भूगोल इत्यादि जैसे विवरण को संग्रहित

नहीं किया जाता। निवासी के डेटा को केंद्रीकृत रूप में संग्रहीत किया जाता है और देश में कहीं से भी उसका ऑनलाइन प्रमाणीकरण किया जा सकता है। एक दिन में 10 करोड़ प्रमाणीकरण करने के लिए आधार प्रमाणीकरण सेवा का गठन किया गया है।

आधार कार्ड का उपयोग

भारत सरकार बड़ी संख्या में सामाजिक कल्याणकारी योजनाओं का वित्त पोषण करती है, जो कि समाज के गरीब और सबसे कमजोर वर्गों की ओर केंद्रित होती हैं। आधार और इसके मंच सरकार के लिए उसके कल्याण तंत्र को कारगर बनाने के लिए और इस प्रकार पारदर्शिता और सुशासन सुनिश्चित करने के लिए एक अनूठा अवसर प्रदान करते हैं।

आधार प्रमाणीकरण विभिन्न योजनाओं के अंतर्गत दोहराव को रोकने में सक्षम है और इससे सरकारी खजाने में पर्याप्त बचत होती है। यह सरकारों को लाभार्थियों के सटीक डेटा प्रदान करने, प्रत्यक्ष लाभ कार्यक्रम को सक्षम करने और सरकारी विभागों/सेवा प्रदाताओं को समन्वय और विभिन्न योजनाओं के अनुकूलन करने की अनुमति प्रदान करता है। लाभार्थियों को सत्यापित करने और लाभों के लक्षित वितरण को सुनिश्चित करने में कार्यान्वयन एजेंसियों को आधार सक्षम करता है।

उदाहरणस्वरूपसार्वजनिकवितरणप्रणाली(पी.डी.एस.)केलाभार्थियोंको सब्सिडाइज्ड योजना और मिट्टी के तेल का वितरण, महात्मा गांधी राष्ट्रीय ग्रामीण रोजगार गारंटी योजना (मनरेगा) के लाभार्थियों की कार्यस्थल उपस्थिति आदि इसमें शामिल हैं।

आधार मंच से सेवा वितरण प्रणाली के बारे में पारदर्शी और सटीक जानकारी उपलब्ध कराने के परिणामस्वरूप सरकार संवितरण प्रणाली में सुधार कर सकती है और दुर्लभ विकास कोष को और अधिक प्रभावी ढंग से और कुशलतापूर्वक सेवा वितरण नेटवर्क में शामिल मानव संसाधनों का बेहतर उपयोग कर सकती है।

ऑनलाइन सत्यापन

आधार प्रणाली निवासियों को देश भर में ऑनलाइन पहचान सत्यापन का एकमात्र स्रोत प्रदान करती है। निवासियों का एक बार नामांकन हो जाने पर वे आधार नंबर का इलेक्ट्रॉनिक माध्यमों से उपयोग कर अपनी पहचान को सत्यापित और प्रमाणित कर सकते हैं। इसके द्वारा नागरिक बैंक खाता खोलने, ड्राइविंग लाइसेंस आदि प्राप्त करने हेतु बार-बार पहचान समर्थन दस्तावेजों को उपलब्ध कराने की परेशानी से बच सकते हैं। पहचान का एक पोर्टेबल सबूत, जिसे कभी भी कहीं भी ऑनलाइन आधार प्रमाणीकरण के माध्यम से सत्यापित किया जा सकता है, उपलब्ध करवाकर आधार प्रणाली ने ऐसे लाखों लोगों को, जो देश के एक भाग से दूसरे भाग में चले जाते हैं, गतिशीलता प्रदान की है।

आधार आपकी बुनियाद

आधार का अर्थ है बुनियाद, इसीलिए यह किसी भी वितरण व्यवस्था के लिए बुनियाद हो सकता है। आधार ऐसी किसी भी व्यवस्था के संस्थापन में प्रयुक्त हो सकता है, जिसमें निवासी की पहचान प्रमाणित करने की आवश्यकता हो और/या निवासी को निकाय द्वारा सेवाओं/लाभों की सुरक्षित उपलब्धता प्रदान की जानी हो। आधार निम्न योजनाओं के वितरण में प्रयुक्त हो सकता है—

- सार्वजानिक वितरण प्रणाली, खाद्य सुरक्षा, मिड डे मील, समेकित बाल विकास योजना।
- महात्मा गांधी राष्ट्रीय ग्रामीण रोजगार गारंटी योजना, स्वर्ण जयंती ग्राम स्वरोजगार योजना, इंदिरा आवास योजना, प्रधानमंत्री रोजगार गारंटी योजना।
- सर्व शिक्षा अभियान, शिक्षा का अधिकार।
- जननी सुरक्षा योजना, प्राचीन जनजाति समूह विकास योजना, इंदिरा गांधी राष्ट्रीय वृद्धावस्था पेंशन योजना।

- राष्ट्रीय स्वास्थ्य बीमा योजना, जनश्री बीमा योजना, आम आदमी बीमा योजना।
- संपत्ति हस्तांतरण, पहचान-पत्र, पैन कार्ड आदि समेत अन्य विविध प्रयोजनाएँ।

□

3

यू.आई.डी.ए.आई. सिस्टम में सुरक्षा

यू.आई.डी.ए.आई. व्यक्ति और उसकी जानकारियों का भली प्रकार संरक्षण करता है। यू.आई.डी.ए.आई. द्वारा एकत्रित सूचना का उद्देश्य केवल आधार जारी करने और आधार धारक की पहचान की पुष्टि करने के लिए है। यू.आई.डी.ए.आई. पहचान प्रमाणित करने के लिए केवल बेसिक डेटा जुटाया जाता है, जिसमें नाम, जन्मतिथि, लिंग, पता, माता-पिता/अभिभावक का नाम—बच्चों के लिए अनिवार्य, अन्य के लिए नहीं, मोबाइल नंबर और इ-मेल, जो कि वैकल्पिक हैं, शामिल हैं।

यू.आई.डी.ए.आई. नीतियों के अनुसार संवेदनशील निजी जानकारियाँ, जैसे धर्म, जाति, समुदाय, वर्ग, नस्ल, आय और स्वास्थ्य आदि एकत्र करना प्रतिबंधित है। यू.आई.डी.ए.आई. किसी व्यक्ति के लेन-देन का ब्योरा भी नहीं जुटाता। आधार के माध्यम से पहचान की पुष्टि करनेवाले किसी व्यक्ति का विवरण केवल अपनी प्रामाणिकता दरशाता है।

यू.आई.डी.ए.आई. एकत्रित सूचनाओं की सुरक्षा और गोपनीयता सुनिश्चित रखने के लिए प्रतिज्ञाबद्ध है। सभी सूचनाएँ यू.आई.डी.ए.आई. द्वारा प्रदान किए गए और पारगमन से बचाववाले सॉफ्टवेयर में एकत्र की जाती हैं। किसी भी प्रकार से सुरक्षा उल्लंघन में कठोर दंड का प्रावधान है, इसके अंतर्गत किसी की पहचान के खुलासा करने पर भी दंड दिया जाता है।

यू.आई.डी. डेटाबेस का अन्य किसी डेटाबेस के साथ लिंक नहीं है अथवा इसकी जानकारियाँ किसी अन्य डेटाबेस में नहीं दी जाती हैं। केवल

नौकरी प्राप्त करने के समय किसी व्यक्ति की पहचान के सत्यापन के लिए इसका उपयोग होता है, वह भी आधार धारक की सहमति से। यू.आई.डी. डेटा बेस चंद अधिकृत व्यक्तियों द्वारा भौतिक और इलेक्ट्रॉनिक दोनों प्रकार से नियंत्रित किया जाता है। यह अत्यधिक सुरक्षित सूचना कक्ष में बेहतर गोपनीयता के साथ रखा जाता है, यू.आई.डी. के ही बहुत से कर्मचारियों के लिए इसकी उपलब्धता नहीं होती। विवरण के हर उपयोग के लिए ठीक से लॉग इन करना होता है।

आपराधिक दंड

आधार संख्या के गलत प्रयोग पर आपराधिक दंड का प्रावधान है, जो निम्नलिखित है—

- जाली आदमी बनकर, झूठी जनसांख्यिकीय और बायोमीट्रिक जानकारी देना अपराध है, ऐसा करने पर 3 साल की कैद और 10,000 रुपए का जुरमाना है।
- आधार संख्या धारक की पहचान हड़पना या किसी आधार संख्या धारक की जनसांख्यिकीय और बायोमीट्रिक जानकारियों में फेरबदल करना अपराध है, ऐसा करने पर 3 साल की कैद और 10,000 रुपए का जुरमाना है।
- निवासी की पहचान से जुड़ी जानकारियाँ एकत्र करनेवाली अधिकृत संस्था होने का झूठा दावा करना अपराध है, ऐसा करने पर व्यक्ति के लिए 10,000 और संस्था के लिए एक लाख का जुरमाना है।
- नामांकन और सत्यापन के दौरान किसी अधिकृत व्यक्ति द्वारा एकत्र की गई जानकरियों का इरादतन हस्तांतरण अपराध है, ऐसा करने पर 3 साल की कैद और व्यक्ति के लिए 10,000 तथा संस्था के लिए एक लाख रुपए जुरमाना है।
- सेंट्रल आइडेंटिटीज डेटा रिपोजिटरी का अनधिकृत उपयोग तथा हैक करना अपराध है, ऐसा करने पर 3 साल की कैद और एक करोड़ रुपए का जुरमाना है।

- सेंट्रल आइडेंटिटीज डेटा रिपोजिटरी के साथ छेड़छाड़ करना अपराध है, ऐसा करने पर 3 साल की कैद और 10,000 रुपए जुरमाना है।
- बायोमीट्रिक डेटा, जो कि अपना न हो, प्रदान करना अपराध है, ऐसा करने पर 3 साल की कैद और 10,000 रुपए का जुरमाना है।

□

4

आधार के लिए डेटा दर्ज करना

पाँच साल की आयु से अधिक के निवासियों के लिए पिता, माता, पति, पत्नी या अभिभावक फील्ड भरना अनिवार्य नहीं है, यदि वयस्क ये जानकारी देने की स्थिति में नहीं है या खुलासा करना नहीं चाहता है। ऐसा होने पर 'नहीं दिया गया', 'निवासी से संबंध' में चेक बॉक्स का चयन करें।

पाँच वर्ष से कम आयु के बच्चों के मामले में माता-पिता या गार्जियन में से किसी एक का नाम और आधार संख्या अनिवार्यत: दर्ज किया जाएगा।

'माता-पिता के नाम' के सम्मुख केवल पिता का नाम दर्ज किया जाना अनिवार्य नहीं है। 'माता-पिता/गार्जियन का नाम' के लिए माता-पिता द्वारा वांछित होने पर केवल माँ का नाम ही दर्ज किया जा सकता है।

बच्चे का नामांकन करने से पहले माता-पिता का नामांकन अनिवार्य है। यदि नामांकन के समय बच्चे के पिता/माता/ अभिभावक ने नामांकन नहीं कराया है या आधार संख्या धारक नहीं हैं, तब उस बच्चे का नामांकन नहीं किया जा सकता।

निवासी की आँखों और उँगलियों के फिटनेस (गुम/काट) की जाँच। निवासी की कोई भी विकृति, जिसके कारण, जो उँगलियों के निशान/आइरिस लेना संभव नहीं है, तब यह बायोमीट्रिक अपवाद के रूप में दर्ज किया जाएगा।

सॉफ्टवेयर में बायोमीट्रिक अपवाद का संकेत और जाँच, केवल जहाँ यह लागू होता हो। जहाँ बायोमीट्रिक कैप्चर किया जा सकता है, बायोमीट्रिक

अपवाद चिह्नत नहीं किया जाता। यह 'धोखाधड़ी' के रूप में माना जाएगा और कठोर दंड का कारण बनेगा।

बायोमीट्रिक अपवाद के मामले में हमेशा खास तसवीर ली जाती है, जिसमें निवासी का चेहरा और दोनों हाथ दिखते हों, अपवाद के प्रकार की निरपेक्षता में।

नामांकनार्थी बायोमीट्रिक उपकरणों या तसवीर के लिए पहुँचने के लिए वृद्धावस्था या बीमारी के कारण स्वयं को सही मुद्रा में रखने की स्थिति में नहीं हो सकता है। ऐसे मामलों में ऑपरेटर उपकरणों को नामांकनार्थी के करीब ले जाकर बायोमीट्रिक डेटा लेने की व्यवस्था करता है।

यदि निवासी की उँगली/आइरिस में कोई अस्थायी क्षति है और इससे बायोमीट्रिक कैप्चर करना संभव नहीं है, तब ऑपरेटर इसे अपवाद में रिकॉर्ड करता है। निवासी को बाद में उसकी बायोमीट्रिक अद्यतन करानी होती है।

पाँच वर्ष से अधिक आयु के सभी निवासियों के बायोमीट्रिक—चेहरे की छवि, आइरिस और उँगलियों के निशान कैप्चर किए जाते हैं।

पाँच वर्ष से कम आयु के किसी भी बच्चे के मामले में, केवल चेहरे की छवि और माता-पिता में से किसी भी एक के बायोमीट्रिक पुष्टिकरण लिये जाते हैं।

फेसियल कैप्चर

चेहरे की छवि कैप्चर करने के लिए, ऑपरेटर को नामांकनार्थी के बजाय कैमरे को उसकी स्थिति के अनुसार सही दूरी पर या सही मुद्रा में समायोजित करने की सलाह दी जाती है। सम्मुख मुद्रा को कैप्चर किया जाना है, यानी सिर घुमाना या झुकाना नहीं है। निवासी को अपनी पीठ सटाकर, कैमरे के सामने मुख करके ठीक से बैठने के लिए निर्देश दिए जाने चाहिए।

कैप्चर डिवाइस में ऑटो फोकस और ऑटो कैप्चर परिचालन का उपयोग करना चाहिए। ली गई छवि में मोशन धुँधला, ओवर या अंडर

एक्सपोजर, अप्राकृतिक रंग का प्रकाश और किसी प्रकार से विरूपित नहीं होना चाहिए।

फोटो तटस्थ भाव-भंगिमा (गैर-मुसकराते हुए), दाँत बंद कर और दोनों आँखें खोल कर और कैमरे में देखते हुए लिया जाना चाहिए।

यदि व्यक्ति आम तौर पर चश्मा पहनता है, तब तसवीर चश्मे के साथ ली जाने की अनुशंसा की जाती है। हालाँकि चश्मा स्पष्ट और पारदर्शी होना चाहिए। काला चश्मा/रंगा हुआ ग्लास तसवीर लेने से पहले निकाल दिया जाना चाहिए।

चेहरे के किसी भी क्षेत्र को प्रसाधन के उपयोग से कवर करने की अनुमति नहीं है। उदाहरण के लिए, परदेवाली महिलाओं को तसवीर लेने से पहले पूरा चेहरा प्रकट करना होता है। इसी तरह घूँघटवाली महिलाओं को तसवीर लेने से पहले पूरा चेहरा प्रकट करना होगा। सिर ढका जा सकता है, लेकिन पूरा चेहरा दिखाई देना चाहिए।

पगड़ी आदि की भी धार्मिक, पारंपरिक प्रथाओं के रूप में अनुमति दी जाती है।

बच्चे के लिए यह स्वीकार्य है कि बच्चा माता-पिता की गोद में बैठा हो, लेकिन यह सुनिश्चित किया जाए कि माता या पिता का चेहरा बच्चे के चेहरे के साथ कैप्चर न किया जाए।

पाँच साल से कम आयु के बच्चों के लिए केवल चेहरे की छवि कैप्चर की जाती है। आइरिस और उँगलियों के निशानों की स्क्रीन पाँच साल से क्रम आयु के बच्चों के लिए सक्रिय नहीं होगी।

फिंगर प्रिंट कैप्चर

सभी दस उँगलियों की छवियाँ कैप्चर की जाती हैं। बाएँ हाथ की चार उँगलियाँ, उसके बाद दो अंगूठे से दाहिने के अनुक्रम में फिंगरप्रिंट कैप्चर किया जाता है।

उँगलियों को जरूरत से ज्यादा सूखा या गीला नहीं होना चाहिए। एक गीले कपड़े से उँगलियों को नम करें या सूखे कपड़े से शुष्क करें।

सत्यापन

निवासी के आधार के लिए नामांकन कराने नामांकन केंद्र आने पर, निवासी द्वारा प्रदान किए गए दस्तावेजों से जनसांख्यिकीय जानकारी दर्ज की जाती है। निवासी द्वारा प्रस्तुत दस्तावेजों का अधिप्रमाणन, दस्तावेज अधिकृत अधिकारी द्वारा विधिवत् सत्यापित किए जाते हैं। नामांकन केंद्र पर मौजूद सत्यापनकर्ता निवासी द्वारा प्रस्तुत दस्तावेजों की निवासी द्वारा भरे गए नामांकन प्रपत्र के साथ से पुष्टि करता है। सत्यापन के लिए निवासी के मूल दस्तावेज लिये जाते हैं। उन मामलों में, जहाँ मूल दस्तावेज उपलब्ध नहीं हैं, साक्ष्यांकित प्रतियाँ स्वीकार की जाती हैं। सत्यापनकर्ता दस्तावेज जाली/बदले हुए होने का संदेह होने पर सत्यापन करने से मना कर सकते हैं।

यदि सत्यापनकर्ता किन्हीं कारणों से सत्यापन के लिए मना कर देता है या निवासी को सत्यापन कारणों को दर्ज कराए बिना वापस जाने देता है, ऐसे मामलों में निवासी शिकायत निवारण के लिए ब्लॉक स्तर पर रजिस्ट्रार द्वारा बनाए गए एक नामित प्राधिकारी के पास जा सकता है।

जन्मतिथि

निवासी की जन्मतिथि से संबंधित स्थान पर दिन, महीने और वर्ष का उल्लेख होना चाहिए। यदि निवासी जन्मतिथि के दस्तावेजी प्रमाण प्रदान करता है, तब उसकी जन्म तिथि 'सत्यापित' मानी जाती है। जब निवासी बिना किसी दस्तावेजी सबूत के जन्मतिथि घोषित करता है, तब उसकी जन्मतिथि 'घोषित' मानी जाती है। निवासी उम्र और जन्म की सही तारीख देने में असमर्थ है और निवासी द्वारा केवल उम्र का उल्लेख किया गया है या सत्यापनकर्ता द्वारा अनुमानित है, तब केवल उम्र दर्ज की जाती है। सॉफ्टवेयर स्वचालित रूप से इस तरह के मामले में जन्म के वर्ष की गणना करता है।

परिचयकर्ता

परिचयकर्ता, वे व्यक्ति हैं, जिनकी रजिस्ट्रार द्वारा पहचान की गई हो

और 'परिचयकर्ता' के रूप में यू.आई.डी.ए.आई. के सी.आई.डी.आर में पंजीकृत हों। उदाहरण के लिए, रजिस्ट्रार के कर्मचारी, निर्वाचित स्थानीय निकाय के सदस्य, स्थानीय प्रशासनिक निकाय, डाकिया, प्रभावी व्यक्तित्व जैसे शिक्षक, स्वास्थ्य कार्यकर्ता एवं डॉक्टर, आँगनवाड़ी/आशा कार्यकर्ता, स्थानीय एन.जी.ओ. के प्रतिनिधि आदि। परिचयकर्ता 18 वर्ष की आयु से ऊपर होना चाहिए और परिचयकर्ता का कोई आपराधिक रिकॉर्ड नहीं होना चाहिए।

दिव्यांगों का नामांकन

दिव्यांगों का और व्यक्ति, जिनकी उँगलियाँ न हों या खुरदुरे हाथों जैसे बीड़ी श्रमिकों या उँगलीविहीन व्यक्ति का बायोमीट्रिक कैप्चर थोड़ा भिन्न है, इन अपवादों के लिए, अपवाद नीति को ध्यान में रखना होता है और निर्धारित बायोमीट्रिक मानक यह सुनिश्चित करेंगे कि ये समूह अपवर्जित नहीं हैं। हाथों/उँगलियों के बिना लोगों के मामले में केवल फोटो पहचान निर्धारण के लिए उपयोग किया जाएगा और अद्वितीयता का निर्धारण करने के लिए चिह्न रखे जाएँगे।

दिव्यांग व्यक्तियों के आधार कार्ड आप दो तरीके से बनवा सकते हैं—

कैंप के माध्यम से

आपके शहर या गाँव में विकलांग व्यक्तियों का आधार कार्ड बनाने हेतु कैंप लगाए जाते हैं तो आपके शहर में जब भी विकलांग व्यक्तियों का कैंप लगाया जाए तो आप वहाँ पर जाकर अपना आधार कार्ड बनवा सकते हैं। ध्यान रखें कि यह कैंप केवल विकलांग व्यक्तियों के लिए ही लगाया जाता है, जिसमें सभी विकलांग व्यक्तियों के आधार कार्ड बनाए जाते हैं, जो कि सरकार की तरफ से पूर्ण सत्यापित होता है।

सी.एस.सी. के माध्यम से

आप अपने शहर के किसी भी नजदीकी सी.एस.सी. (कॉमन सर्विस सेंटर) में जाकर, जहाँ पर आधार कार्ड का काम होता है, वहाँ से विकलांग व्यक्तियों का आधार कार्ड बनवा सकते हैं।

आवश्यक डॉक्यूमेंट

विकलांग व्यक्तियों के आधार कार्ड बनवाने के लिए नीचे बताए गए किसी भी दस्तावेज का एड्रेस प्रूफ और आई.डी. प्रूफ इस्तेमाल किया जा सकता है—

विकलांगता प्रमाण-पत्र, बैंक पासबुक, डाकघर की पासबुक, राशन कार्ड, ड्राइविंग लाइसेंस, पहचान-पत्र, बिजली का बिल (3 महीने से ज्यादा पुराना नहीं होना चाहिए), पानी का बिल (3 महीने से ज्यादा पुराना नहीं होना चाहिए), टेलीफोन का बिल (3 महीने से ज्यादा पुराना नहीं होना चाहिए), क्रेडिट कार्ड स्टेटमेंट, बीमा की पॉलिसी, बैंक द्वारा लेटर हेड पर जारी किया गया फोटो द्वारा पत्र, नरेगा का जॉब कार्ड, शस्त्र लाइसेंस, वेतन भोगी फोटो कार्ड, किसान फोटो पासबुक, माता-पिता का पासपोर्ट (नाबालिग के मामले में), गैस कनेक्शन का बिल (3 महीने से ज्यादा पुराना नहीं होना चाहिए), डाक विभाग द्वारा जारी किया गया नाम और फोटो का होने का पता, वाहन पंजीकरण प्रमाण-पत्र, ग्राम पंचायत सरपंच द्वारा जारी किया गया प्रमाण-पत्र (ग्रामीण क्षेत्रों के लिए)।

□

AADHAR

5

आधार नामांकन की प्रक्रिया

आधार नामांकन नि:शुल्क है। आप अपनी पहचान और पते के प्रमाण व दस्तावेज के साथ भारत में किसी भी प्राधिकृत नामांकन केंद्र पर जा सकते हैं। यू.आई.डी.ए.आई. पहचान और पते के अनेक प्रमाण दस्तावेजों को स्वीकार करता है। इलेक्शन फोटो आई.डी. कार्ड, राशन कार्ड, पासपोर्ट और ड्राइविंग लाइसेंस पहचान और पते के कॉमन प्रमाण हैं।

फोटो लगे पेन कार्ड और सरकारी पहचान-पत्र जैसे पहचान के प्रमाण दस्तावेज के रूप में स्वीकार्य हैं। तीन महीने तक पुराना पानी-बिजली का बिल/टेलीफोन बिल जैसे दस्तावेज पते के प्रमाण के रूप में स्वीकार्य हैं।

यदि आपके पास उपर्युक्त कॉमन प्रमाण न हो तो राजपत्रित अधिकारी/तहसीलदार द्वारा लेटर-हेड पर जारी प्रमाण-पत्र, पहचान का प्रमाण माना जा सकता है, बशर्ते उस पर व्यक्ति का फोटो भी लगा हो। पते के प्रमाण के तौर पर एम.पी./एम.एल.ए./राजपत्रित अधिकारी/तहसीलदार द्वारा लेटर-हेड पर या ग्राम पंचायत मुखिया या उसके समकक्ष प्राधिकारी द्वारा (ग्रामीण क्षेत्र के मामले में) जारी प्रमाण-पत्र को पते का प्रमाण दस्तावेज माना जा सकता है, बशर्ते उस पर व्यक्ति का फोटो भी लगा हुआ हो।

यदि परिवार में किसी सदस्य के पास अपना खुद का कोई मान्य दस्तावेज नहीं है तो वह भी आधार नामांकन करवा सकता है, यदि उसका नाम परिवार के अन्य सदस्य के रूप में मान्य पात्रता/हकदारी दस्तावेज में दर्ज है। ऐसे मामले में, परिवार के मुखिया का नामांकन सबसे पहले होना

चाहिए, जिसके पास अपनी पहचान और पते के प्रमाण के दस्तावेज होने चाहिए। उसके बाद परिवार का मुखिया अपने परिवार के अन्य सदस्यों के लिए नामांकन के समय परिचयदाता बन सकता है, जिसके आधार पर उसके परिवार के सदस्यों का नामांकन हो सकता है। यू.आई.डी.ए.आई, मुखिया के साथ संबंध के रूप में कई दस्तावेजों को मान्यता देता है।

जहाँ कहीं निवासी के पास दस्तावेज न हों तो वह नामांकन केंद्र पर उपलब्ध परिचयदाता की मदद ले सकता है। परिचयदाताओं को रजिस्ट्रार विर्निदिष्टक करता है।

संक्षेप में कहा जाए तो नामांकन के तीन तरीके हैं—

1. दस्तावेज-आधारित

पहचान एवं पते दोनों के एक-एक वैध प्रमाण दस्तावेज प्रस्तुत करके।

2. परिवार के मुखिया आधारित

परिवार के मुखिया द्वारा परिवार के सदस्यों के बीच रिश्ते स्थापित करनेवाले दस्तावेजों के आधार पर।

3. परिचयकर्ता-आधारित

पहचान एवं पते के वैध प्रमाण दस्तावेज के अभाव में सेवाओं का उपयोग किया जा सकता है। परिचयकर्ता रजिस्ट्रार द्वारा नियुक्त और वैध आधारधारक होना चाहिए।

आप नामांकन केंद्र में जाकर नामांकन फार्म में अपना वैयक्तिक विवरण भरें। नामांकन प्रक्रिया में आपका फोटो, फिंगर-प्रिंट और आँखों की पुतलियों के निशान भी लिए जाएँगे। नामांकन प्रक्रिया के दौरान स्वयं द्वारा उपलब्ध करवाई गई जानकारी की समीक्षा कर आप नामांकन के दौरान ही उसमें सुधार भी करवा सकते हैं। नामांकन के दौरान ही कैप्चर की गई जानकारी सहित एक नामांकन नंबर के साथ पावती पर्ची आपको दे दी जाएगी। नामांकन के 96 घंटों के भीतर, पावती पर्ची सहित नामांकन केंद्र पर जाकर नामांकन डेटा में कोई भी सुधार किया जा सकता है।

आपको केवल एक बार नामांकन की आवश्यकता है, जब तक कि

यू.आई.डी.ए.आई. द्वारा ऐसी सलाह न दी गई हो।

सी.आई.डी.आर. में निवासी का डेटा पैकेट प्राप्त होने के बाद 90 दिन के अंदर आधार पत्र बन जाता है।

नामांकन कहाँ कराएँ

असम और मेघालय को छोड़कर देश के सभी राज्यों/संघ शासित राज्यों में यू.आई.डी.ए.आई. द्वारा नामांकन गतिविधियाँ की जा रही हैं। असम और मेघालय में आर.जी.आई. द्वारा राष्ट्रीय जनसंख्या रजिस्टर (एन.पी.आर.) की तैयारी के साथ-साथ आधार नामांकन गतिविधियाँ भी की जा रही हैं।

आधार कार्ड के लिए डाक्यूमेंट्स

आधार कार्ड बनवाने के लिए यू.आई.डी.ए.आई. कई तरह के पहचान प्रमाण, पते के प्रमाण और जन्म तिथि के प्रमाण आधार कार्ड डाक्यूमेंट्स के रूप में स्वीकार करता है। राष्ट्रीय स्तर पर मान्य आधार कार्ड डाक्यूमेंट्स की सूची नीचे दी गई है। क्रॉस वेरीफिकेशन के लिए आधार कार्ड डाक्यूमेंट्स की जेरॉक्स कॉपी के साथ-साथ, मूल डाक्यूमेंट्स भी आपको अपने साथ आधार कार्ड केंद्र ले जाने पड़ते हैं। आधार कार्ड डाक्यूमेंट्स की जेरॉक्स कॉपी के मूल डाक्यूमेंट्स से क्रॉस वेरीफिकेशन के तुरंत बाद, मूल ओरिजिनल आधार कार्ड डाक्यूमेंट्स आपको आधार कार्ड केंद्र में ही वापस कर दिए जाते हैं।

नीचे दी गई आधार कार्ड डाक्यूमेंट्स की सूची में से आपको कोई भी एक पहचान प्रमाण, कोई भी एक पते का प्रमाण और कोई भी एक जन्म तिथि के प्रमाण डॉक्यूमेंट आधार कार्ड बनवाने के लिए देने होंगे। जो भी डाक्यूमेंट्स आप आधार कार्ड बनवाने के लिए देंगे, उन सबकी एक जेरॉक्स कॉपी निकालकर आधार कार्ड फार्म के साथ आधार कार्ड बनवाने के लिए देनी होगी। आधार कार्ड बनवाने के लिए आपको अपना फोटो साथ ले जाने की जरूरत नहीं है, आधार कार्ड केंद्र में ही आपकी फोटो ली जाएगी। यह सारी प्रकिया बिल्कुल मुफ्त है।

क्योंकि छोटे बच्चों का पते का प्रमाण होना मुश्किल है, ऐसे हालत में माता/पिता अपना खुद का पते का प्रमाण डॉक्यूमेंट दे सकते हैं।

नाम और फोटोयुक्त पहचान प्रमाण डाक्यूमेंट्स की सूची—

- पासपोर्ट
- पैन कार्ड
- राशन/सार्वजनिक वितरण प्रणाली के फोटो कार्ड
- वोटर आई.डी.
- ड्राइविंग लाइसेंस
- सरकारी फोटो आई.डी. कार्ड/पी.एस.यू. द्वारा जारी किए गए सेवा फोटो पहचान-पत्र
- मनरेगा जॉब कार्ड
- मान्यताप्राप्त शिक्षण संस्थान द्वारा जारी फोटो पहचान-पत्र
- शस्त्र लाइसेंस
- फोटो बैंक ए.टी.एम. कार्ड
- फोटो क्रेडिट कार्ड
- पेंशनभोगी फोटो कार्ड
- स्वतंत्रता सेनानी फोटो कार्ड
- किसान फोटो पासबुक
- सी.जी.एच.एस./ई.सी.एच.एस. फोटो कार्ड
- डाक विभाग द्वारा जारी किए गए नाम और फोटो सहित पता कार्ड
- राजपत्रित अधिकारी या तहसीलदार द्वारा लेटर-हेड पर जारी किए गए फोटो की पहचान वाले प्रमाण-पत्र
- विकलांगता पहचान-पत्र/संबंधित राज्य/संघ शासित सरकारों/प्रशासनों द्वारा जारी किए गए विकलांग चिकित्सा प्रमाण-पत्र

नाम और पतेयुक्त पते का प्रमाण डाक्यूमेंट्स की सूची—

- पासपोर्ट
- बैंक स्टेटमेंट/पासबुक

- डाकघर खाता स्टेटमेंट/पासबुक
- राशन कार्ड
- वोटर आई.डी.
- ड्राइविंग लाइसेंस
- सरकारी फोटो आई.डी. कार्ड/पी.एस.यू. द्वारा जारी किए गए सेवा फोटो पहचान-पत्र
- बिजली का बिल (3 महीने से ज्यादा पुराना न हो)
- पानी का बिल (3 महीने से ज्यादा पुराना न हो)
- टेलीफोन लैंडलाइन बिल (3 महीने से ज्यादा पुराना न हो)
- संपत्ति कर रसीद (3 महीने से ज्यादा पुरानी न हो)
- क्रेडिट कार्ड स्टेटमेंट (3 महीने से ज्यादा पुरानी न हो)
- बीमा पॉलिसी
- बैंक द्वारा लेटर-हेड पर जारी किया गया आपके फोटोवाला हस्ताक्षरित पत्र
- पंजीकृत कंपनी द्वारा लेटर-हेड पर जारी किया गया आपके फोटोवाला हस्ताक्षरित पत्र
- मान्यताप्राप्त शिक्षण अनुदेश द्वारा लेटर-हेड पर जारी किया गया आपके फोटोवाला हस्ताक्षरित पत्र
- मनरेगा जॉब कार्ड
- शस्त्र लाइसेंस
- पेंशनभोगी फोटो कार्ड
- स्वतंत्रता सेनानी फोटो कार्ड
- किसान फोटो पासबुक
- सी.जी.एच.एस./ई.सी.एच.एस. कार्ड
- सांसद/विधायक/राजपत्रित अधिकारी/तहसीलदार द्वारा लेटर-हेड पर जारी किया गया आपके फोटो व पतेवाला हस्ताक्षरित पत्र

- ग्राम पंचायत सरपंच या उनके समकक्ष प्राधिकारी द्वारा जारी किया गया पते का प्रमाण (ग्रामीण क्षेत्रों के लिए)
- आयकर निर्धारण आदेश
- वाहन पंजीकरण प्रमाण-पत्र
- पंजीकृत बिक्री/लीज/रेंट के एग्रीमेंट
- डाक विभाग द्वारा जारी किए गए नाम और फोटो सहित पता कार्ड
- राज्य सरकार द्वारा जारी किया गया आपके फोटो व पते वाला जाति और अधिवास प्रमाण-पत्र
- विकलांगता पहचान-पत्र/संबंधित राज्य/संघ शासित सरकारों/प्रशासनों द्वारा जारी किए गए विकलांग चिकित्सा प्रमाण-पत्र
- गैस कनेक्शन बिल (3 महीने से ज्यादा पुराना न हो)
- पति या पत्नी का पासपोर्ट
- माता-पिता का पासपोर्ट (नाबालिग के मामले में)

जन्म तिथि के प्रमाण डाक्यूमेंट्स की सूची

- जन्म प्रमाण-पत्र
- 10वीं उत्तीर्ण का सर्टिफिकेट
- पासपोर्ट
- ग्रुप-1 राजपत्रित अधिकारी द्वारा लेटर-हेड पर जारी किया गया जन्म प्रमाण-पत्र

आधार कार्ड अलग राज्य से कैसे बनवाएँ?

अगर आप अपने घर से दूर किसी अलग राज्य में है, तब भी आप किसी भी नजदीकी आधार कार्ड केंद्र से आधार कार्ड के लिए आवेदन कर सकते हैं। आप अपने किसी भी नजदीकी आधार कार्ड केंद्र पर आधार कार्ड के लिए आवेदन कर सकते हैं। दरअसल, आप भारत में कहीं भी, किसी भी स्थान पर आधार कार्ड के लिए आवेदन कर सकते हैं।

आधार कार्ड ऑनलाइन कैसे बनवाएँ ?

ध्यान दें कि आप आधार कार्ड ऑनलाइन नहीं बनवा सकते। आप केवल चुनिंदा आधार कार्ड केंद्रों में एक नियुक्ति अप्वॉइंटमेंट तारीख के लिए ऑनलाइन आवेदन कर सकते हैं। ऑनलाइन अप्वॉइंटमेंट के साथ या उसके बिना, आधार कार्ड बनवाने के लिए, आपको व्यक्तिगत रूप से आपके किसी नजदीकी आधार कार्ड केंद्र में जाना जरूरी है। ध्यान दें कि सभी आधार कार्ड केंद्रों में ऑनलाइन अप्वॉइंटमेंट की सुविधा नहीं है। आधार कार्ड बनवाने के लिए आप ऑनलाइन अप्वॉइंटमेंट के बिना भी अपने किसी भी नजदीकी आधार कार्ड केंद्र में जा सकते हैं।

आधार कार्ड खो जाए तो डुप्लीकेट

अगर आपका आधार कार्ड खो गया हो तो घबराएँ नहीं। आधार कार्ड खो जाने पर आप आधार कार्ड की डुप्लीकेट कॉपी ऑनलाइन डाउनलोड कर सकते हैं। अगर आपके पास नामांकन के वक्त दी गई आधार कार्ड की स्लिप/रसीद है या अगर आपको आपका आधार कार्ड क्रमांक याद है तो आप आधार कार्ड ऑनलाइन डाउनलोड कर सकते हैं। डुप्लीकेट आधार कार्ड को भी ओरिजिनल आधार कार्ड जितनी ही समान मान्यताप्राप्त है।

अगर आपने आधार कार्ड की स्लिप/रसीद खो दी है और आपको आपका आधार कार्ड क्रमांक भी याद नहीं है तो नाम, इ-मेल या अपने रजिस्टर्ड मोबाइल नंबर की मदद से आप अपना आधार कार्ड ऑनलाइन डाउनलोड कर सकते हैं।

आधार कार्ड में पता सुधार ऑनलाइन

अगर आप हाल ही में अपने नए पते पर गए हैं या आपके आधार कार्ड में घर का पता गलत प्रिंट हुआ है तो आप आधार कार्ड में घर का पता सुधार ऑनलाइन या डाक द्वारा कर सकते हैं। ध्यान दें कि आधार कार्ड में घर के पते में ऑनलाइन सुधार के लिए मोबाइल फोन नंबर रजिस्टर होना जरूरी है।

ऑनलाइन आधार कार्ड सुधार पोर्टल वन टाइम पासवर्ड (ओ.टी.पी.) आपके मोबाइल फोन नंबर पर भेजेगा।

आधार कार्ड में घर के पते में सुधार के लिए अधिकतम 4 अनुरोधों की अनुमति दी गई है। आपको आधार कार्ड में घर के पते में सुधार का अनुरोध अंग्रेजी और अपनी स्थानीय भाषा में सबमिट करना होगा।

आधार कार्ड में सुधार ऑनलाइन

अगर आपने हाल ही में शादी की है, जिसके कारण आपका नाम या सरनेम बदल गया है या आपके आधार कार्ड में आपका नाम या सरनेम गलत प्रिंट हुआ है तो आप आधार कार्ड में नाम/सरनेम सुधार ऑनलाइन या डाक द्वारा कर सकते हैं। नाम या सरनेम में ऑनलाइन सुधार के लिए मोबाइल फोन नंबर रजिस्टर होना जरूरी है।

नाम-पता बदलवाना

नाम में किसी परिवर्तन के लिए या तो एक सत्यापित नामांकन फार्म और पहचान दस्तावेज या एक परिचयकर्ता का नाम और यू.आई.डी. की आवश्यकता होती है।

पते में परिवर्तन के लिए या तो एक सत्यापित नामांकन फार्म और पहचान दस्तावेज या एक परिचयकर्ता का नाम और आधार संख्या की आवश्यकता होती है।

पते का संवर्धन करने की अनुमति दी जाती है। निवासी को मकान नंबर, लेन नंबर, गली का नाम, मुद्रण की त्रुटियों को दूर करने के लिए मामूली परिवर्तन/पिन कोड पते में सुधार आदि के रूप में लघु क्षेत्र जोड़ने की अनुमति दी जा सकती है, जबकि पहचान-पत्र में दर्ज पते में इन परिवर्धन/संशोधन करने के बाद वर्णित मूल पते में परिवर्तन न हो।

यदि पते में संवर्धन के लिए अनुरोधित परिवर्तन पर्याप्त हैं और पहचान-पत्र में वर्णित मूल पते में परिवर्तन करते हैं, तब निवासी को एक वैकल्पिक

पहचान–पत्र प्रस्तुत करना होगा या एक परिचयकर्ता के माध्यम से पंजीकृत होने की आवश्यकता होगी।

जन्मतिथि में बदलाव के लिए एक सत्यापित नामांकन फार्म और सत्यापित जन्मतिथि प्रमाण–पत्र की आवश्यकता होती है।

पाँच साल से कम आयु के बच्चे के डेटा में संशोधन के लिए माता–पिता का विवरण और संबंध का नाम और अभिभावक का आधार नंबर भी अनिवार्य है।

आधार सृजन

आधार सृजन प्रक्रिया में गुणवत्ता की जाँच, पैकेट मान्यकरण, जनसांख्यिकीय और बायोमीट्रिक डी–डुप्लिकेशन इत्यादि शामिल है। आधार कार्ड का सफलतापूर्वक सृजन, तभी होता है—

1. जब नामांकन डेटा की गुणवत्ता यू.आई.डी.ए.आई. द्वारा निर्धारित मानदंडों पर खरी उतरे।
2. नामांकन पैकेट सी.आई.डी.आर में किए गए सभी मान्यकरणों को पूरा कर लेता है।
3. कोई जनसांख्यिकीय/बॉयोमीट्रिक डुप्लिकेट नहीं पाया जाए।

यदि उपर्युक्त शर्तें पूरी नहीं होतीं तो आधार नंबर जारी नहीं किया जाएगा और नामांकन खारिज कर दिया जाएगा। आधार सृजन की प्रक्रिया की व्याख्या निम्नानुसार है—

डेटा अपलोड करना

प्रत्येक निवासी नामांकन सॉफ्टवेयर के लिए पैकेट के रूप में है, जो नामांकन पूरा हो जाने के बाद एंक्रिप्टेड हो जाता है और यह यू.आई.डी.ए.आई. द्वारा नामांकन एजेंसी को उपलब्ध कराए गए अपलोड क्लाइंट का उपयोग करके केंद्रीय आई.डी. रिपॉजिटरी (सी.आई.डी.आर.) में अपलोड हो जाता है। डुप्लीकेट पैकेट को सर्वर में अपलोड किए जाने से रोकने के

लिए अपलोड पैकेट का रिकॉर्ड क्लाइंट सॉफ्टवेयर में रखा जाता है, जिससे प्रसंस्करण के समय की बचत के साथ-साथ पैकेट की अस्वीकृति भी नहीं होती। सर्वर के सभी डेटा स्थानांतरण हेतु सुरक्षित फाइल ट्रांसफर प्रोटोकॉल का उपयोग किया जाता है और इसलिए किसी भी अनधिकृत एजेंसी डेटा के लिए डेटा रिसाव की कोई संभावना नहीं है। निवासी से प्राप्त दस्तावेजों को भी स्कैन किया जाता है और वह नामांकन पैकेट का हिस्सा बन जाते हैं, जिन्हें सी.आई.डी.आर पर अपलोड किया जाता है।

सी.आई.डी.आर. सैनिटी चेक

प्रत्येक नामांकन पैकेट की वैधता सी.आई.डी.आर. के प्रोडक्शन जोन में प्रसंस्करण हेतु ले जाने से पूर्व स्वचालित प्रक्रिया द्वारा विस्तृत रूप से जाँच की जाती है।

डेटा अभिलेखीय

यह सुनिश्चित करने के लिए कि डेटा को सुरक्षित रखा गया है, सी.आई. डी.आर. में पैकेट की सामग्री को अभिलेख करने से पहले पढ़ा और एक तालिका में जमा किया जाता है। अभिलेखीय प्रणाली की निम्नलिखित आवश्यकताएँ हैं—

सभी मूल पैकेट (नामांकन, अद्यतन आदि) का जैसे है, जिस रूप में है और हमेशा के लिए, उच्च उपलब्धता सुनिश्चित करने और शून्य डेटा हानि के लिए अभिलिखित किया जाना अपेक्षित है—

1. संग्रहित पैकेट को कोर नामांकन और प्रमाणीकरण प्रणाली से अलग करके सुरक्षित रखा है।
2. उचित अभिगम नियंत्रण और अनुमोदन सहित माँग पर डेटा पुनर्प्राप्ति की अनुमति है।
3. शून्य डेटा हानि सुनिश्चित करने के लिए संग्रहीत डेटा का नियमित रूप से बैकअप लिया जाता है।

जनसांख्यिकीय डी-डुप्लिकेशन

जनसांख्यिकीय डी-डुप्लिकेशन मुख्य रूप से नगण्य डुप्लिकेट को पकड़ने के लिए किया जाता है (गैर-धोखाधड़ी के मामलों में, जहाँ सभी जनसांख्यिकीय क्षेत्र एक समान हैं), जो कि अनजाने में सिस्टम को प्रस्तुत किए जाते हैं, जैसे कि, जब एक निवासी को कुछ दिन में आधार नंबर प्राप्त नहीं होने पर उसने नामांकन केंद्र पर पुनः नामांकन करवाना तय किया। इसे 5 वर्ष से कम आयु के बच्चों के डी-डुप्लिकेट के लिए भी प्रयोग किया जाता है, क्योंकि यू.आई.डी.ए.आई. की नीतियों के अनुसार 5 वर्ष से कम आयु के बच्चों का बॉयोमीट्रिक्स डेटा संग्रहीत नहीं किया जाता है। जनसांख्यिकीय डी-डुप्लिकेशन का उद्देश्य ऐसे मामलों को फिल्टर करना है, ताकि बॉयोमीट्रिक्स डी-डुप्लिकेशन के लिए जा रहे नगण्य डुप्लीकेट्स की संख्या कम हो।

मैनुअल गुणवत्ता जाँच

नामांकन पैकेट मैनुअल गुणवत्ता जाँच हेतु भेजे जाते हैं, जहाँ विभिन्न गुणवत्ता जाँच ऑपरेटर्स जनसांख्यिकी हेतु डेटा और फोटो गुणवत्ता मुद्दों की जाँच करते हैं। इसमें निवासी की फोटो के विरुद्ध सेनिटी टेस्ट—मानव छवि के अस्तित्व, आयु और लिंग, बेमेल लिंग और संग्रहीत डेटा (उदाहरणार्थ लिप्यंतरण त्रुटियों) के साथ-साथ फोटो में सकल त्रुटियाँ भी शामिल हैं।

बॉयोमीट्रिक डी-डुप्लिकेशन

एक पैकेट के एक बार सभी सत्यापनों और जनसांख्यिकी जाँच से गुजर जाने के पश्चात, इसे बायोमीट्रिक डी-डुप्लिकेशन हेतु बॉयोमीट्रिक्स सब-सिस्टम के लिए भेजा जाता है। तीन विभिन्न विक्रेताओं के स्वचालित बायोमीट्रिक पहचान प्रणाली सिस्टम का उपयोग सटीकता और प्रदर्शन के उच्चतम स्तर को सुनिश्चित करने हेतु किया जा रहा है। विक्रेताओं को अपनी सटीकता और प्रदर्शन के आधार पर अपने सिस्टम के प्रदर्शन में सुधार करना सुनिश्चित करना होता है। निवासियों की पहचान का खुलासा किए बगैर

उनकी बायोमीट्रिक के साथ (सी.आई.डी.आर. में उत्पन्न) एक संदर्भ संख्या इन विक्रेताओं को प्रदान की जाती है। ए.आई.बी.एस. प्रणाली डुप्लीकेट, यदि कोई हो तो, का पता लगाने के लिए उनकी गैलरी में मौजूद सभी बायोमीट्रिक्स के साथ निवासी के बायोमीट्रिक्स का मिलान करती है।

मैनुअल अधिनिर्णय

बायोमीट्रिक पहचान प्रणाली सिस्टम द्वारा की गई सभी डुप्लिकेट की पहचान को अधिनिर्णय मॉड्यूल के पास भेजा जाता है। इस मॉड्यूल को भेजने का उद्देश्य यह सुनिश्चित करना होता है कि बायोमीट्रिक पहचान प्रणालियों के कभी संभावित गलत मिलान के कारण किसी निवासी के नामांकन को खारिज न कर दिया जाए।

आधार कार्ड जारी करना

विशिष्टता निर्धारण करने के बाद निवासी को आधार नंबर का आवंटन किया जाता है। निवासी का जनसांख्यिकी डेटा इस आधार नंबर के साथ जुड़ा हुआ है और इसलिए यह पहचान सबूत के रूप में इस्तेमाल की जा सकती है। इस जानकारी को प्रमाणीकरण प्रणाली के लिए भी भेजा जाता है, ताकि निवासी का प्रमाणीकरण सफलतापूर्वक किया जा सके।

आधार पत्र वितरण

आधार सृजन के पश्चात् प्रिंट पार्टनर के साथ डेटा साझा किया जाता है। प्रिंट पार्टनर पत्र मुद्रण (ट्रेकिंग जानकारी सहित) और इसे लॉजिस्टिक पार्टनर तक पहुँचाने के लिए जिम्मेदार है। लॉजिस्टिक पार्टनर (इंडिया पोस्ट) पत्र को भौतिक रूप में निवासी तक पहुँचाने के लिए जिम्मेदार है।

□

AADHAR

6

आधार डेटा अपडेशन की आवश्यकता

विभिन्न सेवाओं जैसे सरकारी और गैर-सरकारी सेवाओं, सब्सिडी लाभ, पेंशन, छात्रवृत्ति, सामाजिक लाभ, बैंकिंग सेवाएँ, बीमा सेवाओं, कराधान सेवाओं, शिक्षा, रोजगार, स्वास्थ्य आदि जैसी सेवाओं के लिए आधार को सक्षम करने के लिए, यह सुनिश्चित करना आवश्यक हो जाता है कि सी.आई.डी.आर में संग्रहीत निवासी का डेटा सटीक और अद्यतन है। जनसांख्यिकीय डेटा अद्यतन की जरूरत इस कारण हो सकती है—

जीवन घटनाओं में परिवर्तन, जैसे विवाह के कारण नाम और पते में परिवर्तन, निवासी उनके बुनियादी जनसांख्यिकीय विवरण को बदल सकते हैं। स्थानांतरण के कारण पता और मोबाइल नंबर भी बदल सकता है। जीवन घटनाओं, जैसे रिश्तेदार का विवाह, मृत्यु आदि के कारण भी निवासी अपने रिश्तेदारों के विवरण में परिवर्तन चाहते हैं। इसके अतिरिक्त उनके मोबाइल नंबर, इ-मेल पते आदि बदलने के लिए निवासियों के व्यक्तिगत कारण भी हो सकते हैं।

विभिन्न सेवा वितरण प्लेटफार्मों में बदलाव की घोषणा निवासियों के परिवर्तन अनुरोध और सी.आई.डी.आर. आदि में मोबाइल नंबर जोड़ने की वजह हो सकती है।

नामांकन प्रक्रिया के दौरान हो गई त्रुटियों के कारण, जिनमें निवासी के जनसांख्यिकीय डेटा को गलत तरीके से संग्रहीत किया गया हो। जन्म तिथि, आयु और लिंग में परिवर्तन मुख्य रूप से नामांकन त्रुटियों के कारण हो सकते हैं।

चूँकि कोई निवासी भारत में कहीं भी नामांकन करवा सकता है, यह संभव है कि 'ए' भाषा वक्ता निवासी का नामांकन 'बी' भाषा वक्ता ऑपरेटर द्वारा किया गया हो, जिसके परिणामस्वरूप निवासी की स्थानीय नामांकन भाषा 'बी' हो। बाद में हो सकता है कि निवासी नामांकन की स्थानीय भाषा को अपनी पसंद की अन्य किसी भाषा में बदलना चाहता हो। यदि ऐसा होता है तो आधार पत्र पर छपी सारी जनसांख्यिकीय जानकारी को नई स्थानीय भाषा में अद्यतन करने की आवश्यकता होगी।

यू.आई.डी.ए.आई. नामांकन/अपडेट के समय एकत्र किए गए पी.ओ.आई. (पहचान का प्रमाण) और पीओए (पते का प्रमाण) तथा अन्य दस्तावेजों की उपलब्धता और इसकी गुणवत्ता का पता लगाकर निवासियों को उनकी जनसांख्यिकीय जानकारी को अद्यतन करने और अपेक्षित दस्तावेज प्रस्तुत करने हेतु अधिसूचित किया जा सकता है।

बॉयोमीट्रिक अद्यतन की जरूरत इस कारण हो सकती है—

प्रारंभिक नामांकन के समय उम्र 5 वर्ष से कम होने पर। बच्चों की उम्र 5 साल हो जाने पर उनका पुनः नामांकन किया जाना चाहिए और इस हेतु सभी बायोमीट्रिक डेटा प्रदान करने की आवश्यकता है। इस स्तर पर बच्चे के लिए एक डी-डुप्लिकेशन किया जाएगा। इस अनुरोध को एक नए नामांकन अनुरोध के समान माना जाएगा, जबकि मूल आधार नंबर को बनाए रखा जाएगा।

नामांकन के समय 5 से 15 वर्ष की आयु के बच्चों के लिए—निवासी की आयु 15 वर्ष की हो जाने पर अपडेट के लिए सभी बॉयोमीट्रिक्स प्रस्तुत करने की जरूरत है।

नामांकन के समय उम्र 15 वर्ष से अधिक हो तो निवासियों से प्रत्येक 10 वर्ष में उनके बायोमीट्रिक डेटा को अपडेट करने की संस्तुति की जाती है।

दुर्घटना या बीमारी के कारण बायोमीट्रिक अपवाद जैसी घटनाएँ हो सकती हैं।

चूँकि आधार प्रमाणीकरण सेवा देशव्यापी है, प्रमाणीकरण विफलता

(जहाँ मान्य आधार नंबर के साथ वास्तविक निवासी को गलत तरीके से अस्वीकार कर दिया जाता है, जो कि नामांकन के समय ग्रहण की गई गलत अथवा खराब बायोमीट्रिक गुणवत्ता के परिणामस्वरूप हो सकती है) के कारण भी निवासी बायोमीट्रिक अद्यतन हेतु अनुरोध कर सकते हैं।

यू.आई.डी.ए.आई. नामांकन/अद्यतन के दौरान ग्रहण की गई बायोमीट्रिक की गुणवत्ता को सत्यापित कर सकती है और एक सीमा तय कर सकती है। उन सभी निवासियों को, जिनका बॉयोमीट्रिक तय सीमा से नीचे स्तर का है, यू.आई.डी.ए.आई. द्वारा उनके बॉयोमीट्रिक को अद्यतन करने के लिए अधिसूचित किया जा सकता है।

अद्यतन की विधियाँ

1. ऑनलाइन माध्यम से

ऑनलाइन विधि से अद्यतन हेतु निवासी सीधे इंटरनेट का उपयोग कर बिना किसी सहायता के पोर्टल पर अद्यतन अनुरोध कर सकते हैं। पोर्टल पर प्रवेश करने के लिए निवासी का आधार नंबर और रजिस्टर्ड मोबाइल नंबर होना आवश्यक है। निवासी अपने रजिस्टर्ड मोबाइल नंबर पर ओ.टी.पी. का उपयोग कर प्रमाणीकृत होता है। अद्यतन प्रक्रिया को पूरा करने के लिए, निवासी को समर्थित पी.ओ.आई. (पहचान का प्रमाण) और पी.ओ.ए. (पते का प्रमाण) दस्तावेज की आवश्यकता होती है। इस सेवा के उपयोग हेतु निवासी के पास आधार के साथ पंजीकृत मोबाइल नंबर भी होना चाहिए।

2. डाक सेवा के माध्यम से

निवासी सिवाय मोबाइल नंबर के, पूर्ण आधार डेटा अद्यतन अनुरोध फॉर्म में भरकर समर्थित दस्तावेजों सहित डाक द्वारा भेजकर अपने जनसांख्यिकीय विवरण को अद्यतन करा सकते हैं। अद्यतन अनुरोध प्राप्त होने पर यू.आई.डी.ए.आई. द्वारा निवासी को एस.एम.एस. के माध्यम से अनुरोध प्राप्त होने की सूचना दी जाएगी और अद्यतन अनुरोध पर कारवाई की जाएगी।

3. स्वयं नामांकन केंद्र जाकर

निवासी एक स्थायी नामांकन केंद्र पर जाकर ऑपरेटर की मदद से जनसांख्यिकीय/बायोमीट्रिक अद्यतन अनुरोध कर सकते हैं। ऐसे मामले में अनुरोध को स्वीकार करते समय ऑपरेटर द्वारा दस्तावेजी सबूत एकत्र कर लिये जाते हैं। अद्यतन अनुरोध किए जाने के समय पर सत्यापनकर्ता द्वारा दस्तावेज सत्यापन भी किया जाता है।

□

7

आधार से जुड़ी सेवाएँ

यू.आई.डी.ए.आई. का उद्देश्य भारत में हर निवासी के लिए एक आधार नंबर जारी करना है, ताकि निवासी की पोर्टेबल पहचान सक्षम हो, जिसे कभी भी कहीं भी प्रमाणीकृत किया जा सकता है। आधार मंच सेवा प्रदाताओं को सुरक्षित और त्वरित इलेक्ट्रॉनिक तरीके से निवासियों की पहचान प्रमाणित करने और अधिक लागत प्रभावी और कुशल तरीके से सेवा प्रदान करने में मदद करता है।

आधार-धारकों और सेवा प्रदाताओं हेतु निम्नलिखित अतिरिक्त सेवाएँ उपलब्ध हैं—

आधार नंबर सत्यापन

यह सेवा आधार कार्ड-धारकों और सेवा प्रदाताओं को यह जानने हेतु सक्षम करेगी कि आधार एक वैध संख्या है और निष्क्रिय नहीं है।

इ-मेल/मोबाइल नंबर सत्यापन

आधार नंबर-धारक का पंजीकृत मोबाइल नंबर आधार ऑनलाइन सेवाओं और आधार संबंधित लाभों हेतु आवश्यक है। निवासी पहले से पंजीकृत किया गया अपना मोबाइल नंबर और इ-मेल पता सत्यापित कर सकते हैं।

बॉयोमीट्रिक्स को लॉक/अनलॉक करना

आधार नंबर-धारक बॉयोमीट्रिक लॉक द्वारा अपने बॉयोमीट्रिक्स

प्रमाणीकरण को सुरक्षित रख सकते हैं। एक बार लॉक किए जा चुके बायोमीट्रिक्स को किसी अन्य द्वारा प्रमाणीकरण हेतु उपयोग नहीं किया जा सकता है। निवासी अपनी कोई भी बायोमीट्रिक्स प्रमाणीकरण गतिविधि करने से पूर्व अपने बायोमीट्रिक्स को अनलॉक कर सकते हैं।

आधार कार्ड व बैंक खाते की लिंक स्थिति की जाँच

आधार नंबर धारक अपने बायोमीट्रिक प्रमाणीकरण सुरक्षित कर सकते हैं। आधार कार्ड-धारक जाँच कर सकते हैं कि क्या उनका आधार कार्ड उनके बैंक खाते से जुड़ा हुआ है। आधार लिंक स्थिति को एन.पी.सी.आई. सर्वर द्वारा प्रदर्शित किया गया है। यू.आई.डी.ए.आई. किसी भी स्थिति में प्रदर्शित स्थिति की सत्यता के लिए जिम्मेदार या उत्तरदायी नहीं होगा, साथ ही यू.आई. डी.ए.आई. एन.पी.सी.आई. सर्वर से उपलब्ध करवाई गई किसी भी जानकारी को जमा नहीं रखता है।

पहचान दस्तावेज के रूप में आधार

एक मजबूत डिजिटल आई.डी. का निर्माण करने हेतु विभिन्न प्रणालियों से पहचान के प्रमाणीकरण को सुविधाजनक बनाने के लिए जनसांख्यिकीय डेटा को ठीक से सत्यापित किया जाना आवश्यक होता है। इस लक्ष्य को हासिल करने के लिए यू.आई.डी.ए.आई. द्वारा सत्यापन की तीन विधियों को अपनाया गया है। वे विधियाँ निम्नलिखित हैं—

1. दस्तावेजों के समर्थन के आधार पर।
2. परिचयकर्ता प्रणाली के आधार पर।
3. एन.पी.आर. (राष्ट्रीय जनसंख्या रजिस्टर) की सार्वजनिक जाँच प्रक्रिया के आधार पर।

इसके अतिरिक्त, आधार जारी करने की प्रक्रिया के हिस्से के रूप में प्रत्येक नामांकन अनुरोध अपेक्षित गुणवत्ता की जाँच के लिए आवश्यक बायोमीट्रिक डी-डुप्लिकेशन से होकर गुजरता है और तत्पश्चात् यू.आई.

डी.ए.आई. निवासी के लिए एक डिजिटल आई.डी. जारी करता है। यह सुनिश्चित करता है कि प्रत्येक निवासी के लिए आजीवन वैधता सहित 'केवल एक विशिष्ट' आधार संख्या जारी हो। आधार का यह विशिष्ट गुण इसे एक मजबूत डिजिटल आई.डी. के रूप में कार्य करने के लिए अनुमति देता है। इसलिए आधार को आधार-धारक की पहचान के रूप में स्वीकार किया जाता है। वर्तमान में यह भारतीय रिजर्व बैंक, पी.एफ.आर.डी.ए., दूरसंचार विभाग, पी.एम.एल.ए. और सेबी द्वारा एक वैध पी.ओ.आई. (पहचान का प्रमाण) और पी.ओ.ए. (पते का प्रमाण) दस्तावेज के रूप में अधिसूचित किया गया है; साथ ही कुछ मंत्रालयों/विभागों और राज्य सरकारों ने भी आधार कार्ड को एक मान्य पहचान दस्तावेज के रूप में अधिसूचित कर दिया है।

इ-के.वाई.सी. सेवा

यू.आई.डी.ए.आई. ने इ-केवाईसी के रूप में एक और प्रोपटब को विकसित किया। हालाँकि इसका विकास करते समय यू.आई.डी.ए.आई. ने व्यक्ति की गोपनीयता को बनाए रखने हेतु संबंधित व्यक्ति से स्पष्ट सहमति प्राप्त होने के बाद ही उसकी तसवीर सहित जनसांख्यिकीय डेटा को साझा किया। यू.आई.डी.ए.आई. ने एक इको-सिस्टम स्थापित किया है, जो यह सुनिश्चित करता है कि कोई निवासी यू.आई.डी.ए.आई. के किसी पंजीकृत सेवा प्रदाता के साथ अधिकृत कानूनी ढाँचे के अनुसार के.वाई.सी. को डिजिटली साझा कर सेवा को सुरक्षित रूप में प्राप्त कर सकता है।

निवासी द्वारा स्पष्ट सहमति/अनुज्ञा के पश्चात् आधार इ-के.वाई.सी. सेवा तत्काल इलेक्ट्रॉनिक पहचान सबूत और जन्म तिथि तथा लिंग सहित पते का प्रमाण प्रदान करती है, साथ ही यह निवासी का मोबाइल नंबर और इ-मेल पता भी सेवा प्रदाता को प्रदान करती है, जो आगे सेवा प्रदान करने की प्रक्रिया को व्यवस्थित बनाने में मदद करता है।

वित्तीय पते के रूप में आधार कार्ड

आधार संख्या विशिष्ट है और जीवन भर के लिए वैध है। इस 12 अंकों की संख्या को वित्तीय पते के रूप में उपयोग कर व्यक्ति के बैंक खाते में पैसे भेजे जा सकते हैं। इस विशिष्टता के कारण आधार को बैंकिंग क्षेत्र में विश्वसनीय 'वित्तीय पते' के रूप में जाना जाता है। अपनी विशिष्टता के साथ आधार की इस प्रॉपटब को भारत सरकार की प्रत्यक्ष लाभ अंतरण (डी.बी.टी.) कार्यक्रम का नींव का पत्थर माना जाता है।

वित्तीय लेन-देन हेतु आधार प्रमाण

निवासियों द्वारा आमतौर पर झेली जानेवाली चुनौतियों में से एक, अपनी पहचान स्थापित करना भी है। फर्जी दस्तावेजों के उपयोग और देश में जाली दस्तावेजों के प्रचलन से समस्या और अधिक जटिल हो गई है, जिसके कारण सेवा प्रदाताओं और निवासियों के बीच विश्वास में कमी आई है; तथापि आधार की प्रमाणीकरण विशेषता आधार-धारक को किसी सेवादाता के साथ प्रमाणित करने के लिए, देश में कभी भी, कहीं भी उसकी पहचान साबित करने के लिए सक्षम बनाती है। इस सुविधा के लिए यू.आई.डी.ए.आई. ने सर्वश्रेष्ठ वैश्विक व्यवस्थाओं पर आधारित डेटा गोपनीयता और प्रमाणीकरण की विश्वसनीयता को सुनिश्चित करने के लिए एक इको सिस्टम स्थापित किया है।

यू.आई.डी.ए.आई. विभिन्न साधनों के माध्यम से व्यक्ति की पहचान को ऑनलाइन सत्यापन (प्रमाणीकरण) करने की सुविधा प्रदान करता है। वित्तीय क्षेत्र के नजरिए से इसके फायदों में से कुछ को नीचे सूचीबद्ध किया गया है—

- वित्तीय लेन-देन करने के लिए उपयोग में आसानी।
- माइक्रो ए.टी.एम. आधारित सक्रिय बैंक खातों की संख्या में वृद्धि सुनिश्चित होगी और इस तरह वित्तीय समावेशन में सहायता करेगा।
- गाँव में माइक्रो ए.टी.एम. की उपलब्धता निवासियों की बैंक की शाखा तक की यात्रा को कम करेगी और इस तरह उनके यात्रा-खर्च

और अवसर-लागत को कम करेगी।

- माइक्रो ए.टी.एम. की ऑनलाइन प्रवृति से निवासी अपने धन का लाभ न केवल अपने गाँव से, बल्कि गाँव के बाहर से भी पा सकते हैं।
- सरकारी भुगतान में समय की देरी को काफी कम किया जा सकता है।
- अपने कल्याण संबंधी भुगतान प्राप्त करने के लिए बिचौलियों की भागीदारी कम करता है।
- आधार कार्ड प्रमाणीकरण सुनिश्चित करता है कि निधि केवल उचित लाभार्थियों तक ही पहुँचे और परिणामस्वरूप बेहतर लक्ष्य की ओर अग्रसित हो।
- बैंकों के लिए बैंकरहित क्षेत्रों के लेन-देन की लागत और सेवाओं की लागत कम कर देता है।
- दूर-दराज के इलाकों में बैंक शाखा अथवा ए.टी.एम. की आवश्यकता समाप्त कर देता है।
- इलेक्ट्रॉनिक भुगतान के लिए प्रोत्साहन प्रदान करेगा और इस प्रकार बैंकों की नकदी प्रबंधन लागत को कम करेगा।
- आधार कार्ड से जुड़े माइक्रो पेमेंट की संख्या में वृद्धि बैंकों के लिए तेजी से लाभ प्रदान कारक होगी।
- आधार सक्षम भुगतान प्रणाली के उपयोग से कल्याण सेवाओं के वितरण में सुधार लाने के घोषित उद्द्देश्य को प्राप्त करने में मदद मिलेगी।

बुनियादी ढाँचे, सिस्टम आवश्यकताओं, गोपनीयता मानदंडों और सेवाओं की गुणवत्ता का मानकीकरण करने के लिए, यू.आई.डी.ए.आई. ने माइक्रो ए.टी.एम. मानक प्रकाशित किए हैं, जिन्हें भारतीय बैंकर्स एसोसिएशन (आई.बी.ए.) द्वारा स्वीकार किया गया है। माइक्रो ए.टी.एम. के उपयोग को बढ़ावा देने के लिए यू.आई.डी.ए.आई. ने एक माइक्रो ए.टी.एम. फंडिंग योजना प्रारंभ की है।

आधार सीडिंग

यू.आई.डी.ए.आई. कोई अतिरिक्त वैयक्तिक जानकारी अथवा लिंकिंग डेटा जैसे पैन नंबर, ड्राइविंग लाइसेंस नंबर, जाति का ब्योरा, पंथ, धर्म, आय का स्तर अथवा स्वास्थ्य की स्थिति आदि को इकट्ठा अथवा संग्रह नहीं करता है। यू.आई.डी.ए.आई. ने एक सीडिंग इको-सिस्टम बनाया है, जहाँ विभिन्न भागीदार उनसे संबंधित सेवा प्रदान करने हेतु डेटाबेस में आधार से जोड़ने के लिए यू.आई.डी.ए.आई. द्वारा प्रस्तुत विभिन्न उपकरणों का लाभ उठा सकते हैं।

आधार सीडिंग एक प्रक्रिया है, जिसके द्वारा निवासियों के यू.आई.डी. को सेवा प्रदाताओं के सेवा वितरण डेटाबेस में सही रूप से सेवा वितरण के दौरान आधार आधारित प्रमाणीकरण सक्षम करने के लिए शामिल किया जाता है। सीडिंग प्रक्रिया को दो चरणों में पूरा किया गया है। प्रथम चरण में लाभार्थी से आधार कार्ड विवरण एकत्रित किए जाने की आवश्यकता होती है। सेवा-प्रदाता अथवा सीडिंग एजेंसी से आधार संख्या धारक या लाभार्थी से आधार विवरण इकट्ठा करने के उद्देश्य को प्रकट करने और आधार-धारक या लाभार्थी से सूचित सहमति लेने की उम्मीद की जाती है। दूसरे चरण में एकत्र आधार विवरण का सत्यापन शामिल है। एक बार यू.आई.डी.ए.आई. के सी.आई.डी.आर. डेटाबेस के साथ सत्यापन सफल हो जाने पर आधार सेवा प्रदाता के डोमेन डेटाबेस में लाभार्थी रिकॉर्ड के साथ जुड़ जाता है।

यह सुनिश्चित करने के लिए कि विभिन्न योजनाओं के डेटाबेस में आधार सीडिंग मददगार है, यू.आई.डी.ए.आई. ने कई गतिविधियों पर कार्य प्रारंभ किया है। आधार सीडिंग ढाँचे में शामिल हैं—

दृष्टिकोण और प्रक्रिया को कवर करते हुए सेवा वितरण डेटाबेस में आधार सीडिंग के लिए एक मानक प्रोटोकॉल यू.आई.डी.ए.आई. की वेबसाइट पर उपलब्ध है।

सीडिंग प्रक्रिया को सुविधाजनक करने हेतु यू.आई.डी.ए.आई. ने निवासी पोर्टल और इसके इको सिस्टम पार्टनरों के माध्यम से डी.बी.टी. सीडिंग

डेटा व्यूवर, सीडिंग सत्यापन हेतु प्रमाणीकरण प्रक्रिया, इ–आधार डाउनलोड, ई.आई.डी.–यू.आई.डी. खोज, उन्नत खोज आदि जैसी विभिन्न सेवाओं की शुरुआत की है।

यू.आई.डी.ए.आई. ने यू.आई.डी.ए.आई. मुख्यालय में मंत्रालयों और विभागों के लिए और राज्यों में यू.आई.डी.ए.आई. क्षेत्रीय कार्यालयों, स्थानीय प्रशासन के लिए मल्टिपल आधार सीडिंग कार्यशालाओं का आयोजन किया है।

केंद्रीय और राज्य विभागों की ओर से सीडिंग करने के लिए 48 सीडिंग एजेंसियों को पैनल में शामिल किया गया।

आधार सीडिंग ऑपरेटरों में विभिन्न हितधारकों के लिए कंप्यूटर-आधारित प्रशिक्षण और क्लासरूम प्रशिक्षण सामग्री सहित विकसित सामग्री। □

AADHAR

8

आधार : उपयोगी सवाल और जवाब

क्या बैंक खाते को आधार से जोड़ना आवश्यक है ?

1 जून, 2017 को वित्त मंत्रालय द्वारा जारी राजपत्र अधिसूचना के अनुसार, सभी व्यक्तियों से 31 दिसंबर, 2017 से पहले आधार संख्या देकर अपने सभी बैंक खातों को आधार से जोड़ना अनिवार्य था।

आधार न होने पर निवासियों को सलाह दी जाती है कि वे आधार पाने के लिए अपना नामांकन कराएँ।

यदि निवासी एन.आर.आई./ओ.सी.आई. कार्ड-धारक है और उसका बैंक खाता भारत में है, जबकि उसके पास आधार नहीं है। उसके बैंक खाते का क्या होगा ?

एन.आर.आई. को सलाह दी जाती है कि वह अपने बैंक को यहाँ का निवासी न होने की जानकारी प्रमाण के साथ दे। खाते के चालू अवस्था में न होने पर केवल संबंधित बैंक ही उत्तर दे सकेंगे।

क्या बैंक में ट्रांजेक्शन अमाउंट 50,000 रु. या अधिक होने पर आधार जमा कराने की आवश्यकता है ?

1 जून, 2017 को वित्त मंत्रालय द्वारा जारी राजपत्र अधिसूचना के अनुसार, 50,000 रुपए या उससे अधिक के सभी ट्रांजेक्शन में आधार की आवश्यकता होगी।

आधार, सरकार द्वारा जारी किए गए अन्य पहचान-पत्रों से किस प्रकार भिन्न है ?

आधार एक निवासी को उसके जीवन भर के लिए जारी की गई मूलत: पेपररहित ऑनलाइन—कभी भी, कहीं भी वाली पहचान है। इसमें किसी की पहचान का सत्यापन यू.आई.डी.ए.आई. के सेंट्रल आइडेंटिटी रिपोजिटरी से जुड़े अधिप्रमाणन डिवाइसेज की मदद से ऑनलाइन किया जाता है और यह यू.आई.डी.ए.आई. के मौजूदा डेटा के आधार पर मूलभूत प्रश्न, "क्या यह वही व्यक्ति है, जो यह होने का दावा करता है?" का केवल 'हाँ' अथवा 'नहीं' में उत्तर देता है।

आधार अधिप्रमाणन सेवा पूरी तरह प्रकार्यात्मक है और देश भर में कई सेवा वितरण स्कीमों में इसका उपयोग किया जा रहा है। आधार कार्ड और इ–आधार (आधार की इलेक्ट्रॉनिक कॉपी) निवासियों को मूलत: अपने आधार की जानकारी के लिए दिए गए हैं, जबकि ये ऑनलाइन आई.डी. के उपयोग के लिए पहले चरण हैं।

क्या भारत में पैन के लिए आवेदन करने अथवा टैक्स रिटर्न के लिए फाइल करने के लिए आधार नामांकन कराना अनिवार्य है, यदि हाँ, तो एन.आर.आई. के लिए क्या प्रक्रिया है?

आयकर अधिनियम, 1961 के अनुच्छेद 139एए, जो कि फाइनेंस ऐक्ट, 2017 द्वारा पुन: स्थापित किया गया है, के अंतर्गत आयकर दाखिल करने और परमानेंट अकाउंट नंबर के आवंटन के लिए आवेदन करते समय आधार/आधार आवेदन–पत्र की नामांकन आई.डी. का हवाला देना अनिवार्य हो गया है, जो कि 1 जुलाई, 2017 से लागू है।

यह स्पष्ट किया जाता है कि आधार अथवा नामांकन आई.डी. का हवाला देने की अनिवार्यता केवल उसी व्यक्ति पर लागू होती है, जो आधार संख्या पाने का पात्र है।

आधार (वित्तीय एवं अन्य सब्सिडी लाभ और सेवाओं के लक्षित वितरण) अधिनियम, 2016 के अनुसार केवल यहाँ का निवासी व्यक्ति ही आधार पाने का हकदार है। उक्त अधिनियम के अनुसार निवासी होने का अर्थ है, व्यक्ति ने नामांकन की तिथि से पहले भारत में बारह महीनों में एक

अवधि अथवा समयावधियों, जिनका योग एक सौ बयासी दिन या अधिक हो, तक तात्कालिक निवास किया है। तदनुसार, आय-कर अधिनियम की धारा 139एए के अनुसार आधार का हवाला देने की माँग उस व्यक्ति पर लागू नहीं होती है, जो आधार अधिनियम, 2016 के आधार पर यहाँ का निवासी नहीं है।

सेवा प्रदाता इ-आधार कॉपी स्वीकार नहीं कर रहा है। क्या करें ?

डाउनलोड किया गया आधार या इ-आधार में आधार कार्ड-धारक का नाम, पता, लिंग, फोटो और जन्म तिथि का विवरण प्रिंटेड आधार लेटर के समरूप होता है। इ-आधार में आधार बनने की तिथि और इ-आधार डाउनलोड करने की तिथि भी होती है। आई.टी. ऐक्ट, 2000 के अनुसार डाउनलोड किया गया आधार या इ-आधार यू.आई.डी.ए.आई. द्वारा डिजिटली हस्ताक्षर किया डॉक्यूमेंट है, जो डिजिटल सिग्नेचर के साथ इलेक्ट्रॉनिक रिकॉर्ड की वैधानिक मान्यता देता है। अतः डाउनलोड किया गया आधार/इ-आधार वैध और सुरक्षित इलेक्ट्रॉनिक **डॉक्यूमेंट** है, जो प्रिंटेड आधार लेटर के समतुल्य माना जाना चाहिए।

मैं अपना आधार त्यागना चाहता हूँ। कैसे और क्या किया जाना चाहिए ?

वर्तमान में आधार त्यागने की कोई नीति नहीं है, तथापि आधार-धारक आवश्यकतानुसार अपना बायोमीट्रिक ऑथेंटिकेशन सुरक्षित कर सकता है। यू.आई.डी.ए.आई. की ऑफिशियल वेबसाइट पर 'लॉक/अनलॉक बायोमीट्रिक्स' फंक्शनेलिटी के उपयोग से बायोमीट्रिक्स को लॉक अथवा अनलॉक किया जा सकता है।

क्या एन.आर.आई. भी आधार प्राप्त कर सकते हैं ?

आधार (वित्तीय एवं अन्य सब्सिडी लाभ और सेवाओं के लक्षित वितरण) अधिनियम, 2016 के अनुसार केवल भारत का निवासी व्यक्ति ही आधार प्राप्त कर सकता है, जिसने भारत में बारह महीनों में एक अवधि अथवा समयावधियों, जिनका योग एक सौ बयासी दिन या अधिक हो, तक नामांकन

की तिथि से पहले तात्कालिक निवास किया है।

एन.आर.आई./ओ.सी.आई. धारक के आधार का आवेदन करने के लिए आवश्यक प्रक्रिया क्या है और यदि उनके पास अभी तक स्वयं का भारत का आवासीय पता न हो, तब ?

आधार (वित्तीय एवं अन्य सब्सिडी लाभ और सेवाओं के लक्षित वितरण) अधिनियम, 2016 के अनुसार केवल भारत का निवासी व्यक्ति ही आधार प्राप्त कर सकता है, जिसने भारत में बारह महीनों में एक अवधि अथवा समयावधियों, जिनका योग एक सौ बयासी दिन या अधिक हो तक नामांकन की तिथि से पहले तात्कालिक निवास किया है।

मेरा नाम पैन और आधार में अलग-अलग है। यह दोनों को लिंक करने के लिए स्वीकार्य नहीं है, क्या करना चाहिए ?

आधार और पैन को लिंक करने करने के लिए आदर्श रूप में आपका जनसांख्यिकीय विवरण (जैसे नाम, लिंग एवं जन्म तिथि) दोनों दस्तावेजों में समान होना चाहिए।

करदाता द्वारा दिए गए आधार नाम में आधार के वास्तविक डेटा से मिलाने पर मामूली असमानता होने पर, रजिस्टर्ड मोबाइल नंबर पर वन टाइम पासवर्ड (आधार ओ.टी.पी.) भेजा जाएगा। करदाता को सुनिश्चित करना होगा कि पैन और आधार में लिंग और जन्म तिथि एक समान हैं।

ऐसे दुर्लभ मामले में, जहाँ आधार में नाम पैन के नाम से बिल्कुल भिन्न हो, तब लिंक करना संभव नहीं होगा और करदाता को या तो आधार या पैन डेटा बेस में नाम बदलवाना होगा।

पैन और आधार में मेरी जन्म तिथि समान नहीं है। इन्हें लिंक करने में अक्षम हूँ। कृपया मेरी सहायता करें।

आधार को पैन से लिंक करने के लिए, आपका जनसांख्यिकीय विवरण-नाम, लिंग और जन्म तिथि समान होनी चाहिए। आपसे अनुरोध है कि उपयुक्त दस्तावेजों, जैसे पैन या आधार में अपने नाम की वर्तनी ठीक रखें और लिंक करने का पुनः प्रयास करें।

क्या आधार से लिंक न करने पर मेरा पैन निष्क्रिय हो जाएगा ?

यू.आई.डी.ए.आई. केवल आधार जारी करता है और इसके अधिप्रमाणन का माध्यम है। किसी अन्य उत्पाद या योजना से संबंधित सवालों के लिए संबंधित विभाग से संपर्क करें।

निवासी इनकम टैक्स रिटर्न के लिए आवेदन करना चाहता है, पर आधार डेटा असमान दिखा रहा है ?

आधार को पैन से लिंक करने के लिए आपका जनसांख्यिकीय विवरण समान होना चाहिए। हमारा अनुरोध है कि उपयुक्त दस्तावेजों, जैसे पैन और आधार में अपना विवरण सही करें और लिंक करने के लिए पुनः प्रयास करें। यदि लिंक करने में इसके बाद भी समस्या होती है, तब आपसे अनुरोध है कि आयकर विभाग से संपर्क करें।

निवासी को ऑनलाइन इनकम टैक्स रिटर्न दाखिल करने के लिए आधार नंबर अधिप्रमाणन में एरर का सामना करना पड़ रहा है ?

आधार को पैन से लिंक करने के लिए आपका जनसांख्यिकीय विवरण समान होना चाहिए। हमारा अनुरोध है कि उपयुक्त दस्तावेजों, जैसे पैन और आधार में अपना विवरण सही करें और लिंक करने के लिए पुनः प्रयास करें।

मैं भारत से बाहर आधार ऑनलाइन सर्विस/वेबसाइट का लाभ उठा पाने में असमर्थ हूँ। कृपया सुझाव दें ?

यू.आई.डी.ए.आई.की आधिकारिक वेबसाइट् में किसी प्रकार की बाध्यता नहीं है और कहीं से भी सुलभ है, तथापि यू.आई.डी.ए.आई. के कुछ वेब-आधारित फीचर, जैसे रेजिजेंट पोर्टल, इ-आधार, सेल्फ सर्विस अपडेट पोर्टल (एस.एस.यू.पी.), आधार लिंकिंग स्टेटस आदि भू-आधारित योजना सहायक हैं और इसलिए भारत से बाहर सुलभ नहीं हैं।

मैं अपने राशनकार्ड में आधार अपडेट कैसे कर सकता हूँ ?

हमारा आग्रह है कि आप अपने आधार की एक कॉपी राशनकार्ड की एक कॉपी के साथ अपनी पी.डी.एस. शॉप में जमा करें। वहाँ यह जाँचने के लिए आपका और आपके आधार नंबर का मिलान करते हैं, आपसे एक सेंसर

पर उँगली लगाकर अधिप्रमाणन के लिए कहा जा सकता है।

आधार प्रतिरूप सर्विस डिलीवरी डेटा बेस में नाम भिन्न है ?

जिस दस्तावेज पर नाम में संशोधन करने की आवश्यकता हो, उस पर संशोधित किया जाना चाहिए। यदि आधार पर नाम सही कराना है, तब आप निकटतम स्थायी नामांकन केंद्र जाकर नाम, आयु, पता, मोबाइल नंबर और अन्य जनसांख्यिकीय विवरण अद्यतन करा सकते हैं या आप एस.एस.यू.पी. पोर्टल के उपयोग से भी विवरण अद्यतन कर सकते हैं अथवा वेबसाइट पर दिए गए पते पर अपडेशन/करेक्शन फॉर्म के साथ पूरक दस्तावेज लगाकर भेज सकते हैं। अपडेट के प्रकार पर आधारित संबंधित दस्तावेजी प्रमाण भी माँगा जाएगा।

फिंगर प्रिंट डिवाइस पर रखने के लिए कहे जाने पर मेरी उँगलियाँ काम नहीं करती हैं ?

अपना बायोमीट्रिक्स अद्यतन करने के लिए आप निकटतम स्थायी नामांकन केंद्र जा सकते हैं। आप पहचान और पत्र-व्यवहार के पते के लिए प्रमाण साथ ले जाएँ। अपना मोबाइल नंबर भी दर्ज कराएँ, इससे आपका रिकॉर्ड अद्यतन होने पर कन्फर्मेशन मैसेज प्राप्त करने में मदद होगी।

एक से अधिक खाते होने पर मुझे बेनिफिट ट्रांसफर की रकम कहाँ मिलेगी ?

अपने आधार लेटर की कॉपी पर बैंक खाता संख्या लिखकर दें अथवा साथ में पासबुक की प्रति भी दें। बैंक आपसे एक फॉर्म भी भरने को कहेगा। बैंक में अपना मोबाइल नंबर भी अद्यतन करने की सलाह दी जाती है। यह आपके खाते में डी.बी.टी. होने पर या आपके द्वारा खाते में लेन-देन किए जाने पर एस.एम.एस. अलर्ट भेजेगा। आधार से जुड़े सभी खातों में अंतिम वरीय बैंक खाते में डी.बी.टी. के माध्यम से रकम प्राप्त होगी।

क्या मुझे अपना डी.बी.टी. प्राप्त करने के लिए आधार की आवश्यकता है ?

अधिकांश योजनाओं में लाभार्थियों की पहचान के लिए आधार संख्या

माँगी जाती है, ताकि उनके डेटा बेस से नकली और समरूपों को हटाया जा सके। अत: यह दृढतापूर्वक अनुशंसित किया जाता है कि आप उनके सहयोग के लिए उन्हें आधार संख्या दें। यह आपके लिए विभिन्न सरकारी योजनाओं द्वारा दिए जानेवाले लाभ उठाने के लिए मददगार भी होगा, आधार न होने पर आप हमेशा अपनी नामांकन आई.डी. (इ.आई.डी.) दे सकते हैं, या पहचान प्रमाणों के साथ आधार नामांकन के लिए अनुरोध दाखिल कर सकते हैं। इससे आपको लाभ, सब्सिडी और सेवाएँ प्राप्त करना निर्बाध जारी रखने की अनुमति होगी।

मैं अपना खाता किस प्रकार बदल सकता हूँ, डी.बी.टी. फंड कहाँ प्राप्त होंगे ?

अपने आधार लेटर की कॉपी पर बैंक खाता संख्या लिखकर दें अथवा साथ में पासबुक की प्रति दें। बैंक आपसे एक फॉर्म भी भरने को कहेगा। यह आपके खाते में डी.बी.टी. होने पर या आपके द्वारा खाते में लेन-देन किए जाने पर एस.एम.एस. अलर्ट भेजेगा।

मुझे कैसे पता चलेगा कि डी.बी.टी. फंड मेरे खाते में आ चुके हैं ?

बैंक में अपना मोबाइल नंबर अद्यतन रखें। बैंक आपके खाते में डी.बी.टी. होने पर या आपके द्वारा खाते में लेन-देन किए जाने पर एस.एम.एस. अलर्ट भेजेगा। तदनंतर आप ए.टी.एम., माइक्रो ए.टी.एम./बैंक मित्र, इंटरनेट बैंकिंग अथवा बैंक के अपने लेन-देन के विवरण के लिए कॉल करके अपने अकाउंट बैलेंस की जाँच भी कर सकते हैं।

बैंक मित्र के उपयोग में क्या-क्या कर सकता हूँ, मेरे गाँव में कौन विजिट करता है ?

बैंक मित्र एक हैंडहेल्ड डिवाइस रखता है, जिससे आप अपने आधार से जुड़े बैंक खाते से बैंक के विभिन्न प्रकार के लेन-देन कर सकते हैं। इसमें बैलेंस इन्क्वायरी, नकद जमा, नकद निकालना, बिल अदायगी, अन्य आधार धारकों को फंड भेजना संभव है। बैंक मित्र आधार से जुड़े बैंक खाते खोलने में भी मददगार है।

आधार पर आधारित डी.बी.टी. मेरे लिए किस प्रकार लाभकारी होगा ?

आधार से अपनी योजना के डेटा बेस को लिंक करना यह सुनिश्चित करता है कि आपको मिलनेवाले लाभ का भागीदार बनने के लिए अन्य कोई भी व्यक्ति आपकी जगह जाली आदमी बनकर दावा नहीं कर सकता है। नकदी अंतरित करने पर भी रकम सीधे आपके आधार से जुड़े खाते में पहुँच जाएगी और आपको फंड प्राप्त करने के लिए किसी अन्य व्यक्ति के पास नहीं जाना होगा। इसके अलावा आप किस खाते में लाभ/रकम प्राप्त करना चाहते हैं तो इसका निर्धारण भी आप कर सकते हैं, किंतु सभी लाभ आपके आधार से तात्कालिक जुड़े खाते में जाएँगे, जिससे सभी सब्सिडी केवल एक खाते में भेजी जाएगी।

सरकारी योजनाओं के लिए आधार क्यों आवश्यक है ?

आधार से योजनाओं में डेटा की परिशुद्धता और डाइरेक्ट बेनिफिट प्रोग्राम के कार्यान्वयन के लिए नकली और जाली तत्त्वों को हटाने में मदद मिलती है। आधार के उपयोग से योजनाओं के कार्यान्वयन में सरकार की पारदर्शिता बढ़ती है और व्यक्ति की पहचान में लागत कम लगती है।

मेरे बच्चे का आधार मुझे नीले रंग का प्राप्त हुआ है। क्या यह मान्य है ?

हाँ, नीले रंग का आधार अन्य आधारों की तरह ही मान्य है। नई नीति के अनुसार, यू.आई.डी.ए.आई. नीले रंग का आधार (अर्थात् बाल आधार) 0–5 वर्ष के बच्चों के लिए जारी कर रहा है। बालक के 5 वर्ष का होने पर यह आधार अमान्य हो जाएगा और उसे निकटतम स्थायी नामांकन केंद्र जाकर इसी आधार संख्या से अपने जनसांख्यिकीय और बायोमीट्रिक विवरण अद्यतन कराने होंगे, अन्यथा आधार अमान्य हो जाएगा।

यदि निवासी यू.आई.डी.ए.आई. द्वारा रद्द किया जाता है और आधार जारी नहीं होता तब ?

रद्द किए जाने के बाद होनेवाले चरणों के साथ रद्द किए जाने के

कारण पर निवासी को रजिस्ट्रार से बात करनी चाहिए।

यदि निवासी का आधार लेटर खो जाए या आधार याद न हो, क्या करना होगा ?

निवासी नामांकन संख्या के साथ संपर्क केंद्र से संपर्क कर सकता है और नया आधार लेटर भेजने का निवेदन कर सकता है।

यदि निवासी की आधार संख्या खो जाए तो क्या करना होगा ?

- निवासी 1947 पर कॉल कर सकता है। आधार संपर्क केंद्र प्रतिनिधि उसे अपना ई.आई.डी. संख्या प्राप्त करने में मदद करेंगे। इसके बाद निवासी इस ई.आई.डी. के उपयोग से रेजीडेंट पोर्टल 'इ-आधार' से अपना आधार डाउनलोड कर सकता है।
- निवासी रेजीडेंट पोर्टल 'गैट आधार नंबर ऑन मोबाइल' से अपने मोबाइल पर अपनी आधार संख्या प्राप्त कर सकता है।

यदि निवासी को उसका आधार लेटर वितरित नहीं होता है, तब ?

यदि निवासी को आधार लेटर नहीं मिलता है, तब उसे नामांकन संख्या के साथ यू.आई.डी.ए.आई. संपर्क केंद्र से संपर्क करना चाहिए अथवा वह अपना आधार स्टेटस वेबसाइट पर देख सकता है।

आधार नामांकन पर्ची में वर्तनी/जनसांख्यिकीय त्रुटियाँ होने पर निवासी को क्या करना चाहिए ?

नामांकन के दौरान, डेटा एंट्री के समय निवासी के पास अवसर होता है कि वह मूल्यांकन करे और इस प्रकार की त्रुटियों को ठीक करे। नामांकन आवेदन को अंतिम रूप देने और नामांकन रसीद प्रिंट करने से पहले निवासी को एक और अवसर दिया जाता है। ये दोनों अवसर गँवा देने पर निवासी नामांकन के समय से 96 घंटे तक जरूरी दस्तावेजों और नामांकन रसीद के साथ नामांकन केंद्र जाकर नाम और पता सही करा सकता है।

मेरा नामांकन होने के पश्चात् आधार लेटर प्राप्त करने में कितना समय और लगेगा और मुझे अपना आधार लेटर किस प्रकार मिलेगा ?

आधार बनने में 90 दिन तक का समय लगता है। आधार लेटर पोस्ट

द्वारा वितरित किया जाता है। आधार के बन जाने पर, आपको रजिस्टर्ड मोबाइल नंबर पर संदेश भी प्राप्त होगा (यदि नामांकन के दौरान मोबाइल नंबर दिया गया हो)।

मैंने हाल ही में अपना आधार अद्यतन किया है, किंतु अभी यह मैनुअल चेक के अंतर्गत दिखा रहा है। मेरा आधार कब तक अद्यतन हो जाएगा?

आधार अद्यतन होने में 90 दिन तक का समय लगता है। यदि अद्यतन करने के लिए आवेदन किए हुए 90 दिन से अधिक हो चुके हैं, तो अधिक जानकारी के लिए 1947 (टोल फ्री) नंबर पर डायल करके जानकारी लें।

मैंने अभी हाल ही में अपना आधार अद्यतन किया है। क्या आप इस पर शीघ्र काररवाई कर सकते हैं? मुझे अत्यावश्यकता है।

आधार अद्यतन की निर्धारित प्रकिया है, जिसमें आवेदन के दिन से 90 दिनों तक का समय लगता है। अद्यतन प्रक्रिया में बदलाव नहीं किया जा सकता।

मैंने काफी पहले आधार के लिए आवेदन किया था, किंतु आधार प्राप्त नहीं हुआ। अतः मैंने पुनः आवेदन किया। मुझे आधार कब तक प्राप्त होगा?

यदि आपका आधार पहले नामांकन से बन गया होगा, तब पुनः नामांकन करने का प्रत्येक प्रयास रद्द हो जाएगा। पुनः आवेदन न करें। आप अपना आधार प्राप्त कर सकते है—ऑनलाइन, स्थायी नामांकन केंद्र जाकर।

आधार स्मार्ट कार्ड या प्लास्टिक कार्ड क्या है, क्या यह नौकरी पाने के लिए अनिवार्य है?

स्मार्ट आधार कार्ड जैसी कोई अवधारणा नहीं है। यू.आई.डी.ए.आई. वेबसाइट से डाउनलोड किया गया आधार लेटर या आधार, आधार का उपयुक्त और मान्य रूप है। आधार से जुड़ी सेवाओं के लिए केवल अधिकृत सेवा केंद्र या स्थायी नामांकन केंद्र ही जाएँ।

पैन को आधार के साथ किस प्रकार लिंक कर सकते हैं?

आधार को पैन के साथ निम्न प्रक्रिया द्वारा लिंक किया जा सकता है—

(1) इनकम टैक्स इ-फाइलिंग पोर्टल पर जाएँ।
(2) इस पर स्वयं को रजिस्टर करें (यदि न किया हो)। आपका पैन (परमानेंट अकाउंट नंबर) ही आपकी यूजर आई.डी. होगी।
(3) यूजर आई.डी., पासवर्ड और जन्म तिथि से लॉगिन करें।
(4) एक पॉप अप विंडो सामने आएगी, आपको आधार और पैन लिंक करने को कहेगी। ऐसा न होने पर 'प्रोफाइल सेटिंग' पर जाएँ और मेनू बार में 'लिंक आधार' पर क्लिक करें।
(5) पैन के विवरण के अनुसार नाम, जन्म तिथि और लिंग आदि विवरण यहाँ पहले से उल्लिखित होगा।
(6) स्क्रीन पर पैन के विवरण का अपने आधार के विवरण के साथ सत्यापन करें। ध्यान दें कि यहाँ कोई असमानता न हो, ऐसा होने पर आपको किसी एक दस्तावेज में इसे सही कराना होगा।
(7) विवरण समान होने पर अपनी आधार संख्या दर्ज करें और 'लिंक नाउ' बटन पर क्लिक करें।
(8) एक पॉप-अप संदेश आपको सूचित करेगा कि आपका आधार सफलतापूर्वक पैन से लिंक हो गया है।

सामान्य भाषा में आधार की परिभाषा क्या है ?

आधार, विभिन्न भारतीय भाषाओं में जिसका अर्थ है 'बुनियाद' यह पद यू.आई.डी.ए.आई. द्वारा जारी यूनिक आइडेंटिटी नंबर के रूप में प्रयुक्त होता है, कोई निवासी दोहरी संख्या नहीं रख सकता, क्योंकि यह उनके व्यक्तिगत बायोमीट्रिक से जुड़ा होता है; जिसके चलते आधार-आधारित शिनाख्त में नकली और आभासी पहचानों, जो कि आजकल लीकेज के रूप में सामने आती हैं, को रद्द किए जाने पर होनेवाली बचत से सरकार अन्य योग्य निवासियों को लाभ बढ़ा सके।

आधार की विशेषताएँ और लाभ क्या हैं ?

आधार एक अद्वितीय संख्या है, कोई निवासी दोहरी संख्या नहीं रख सकता, क्योंकि यह उनके व्यक्तिगत बायोमीट्रिक से जुड़ा होता है।

आधार एक सार्वभौमिक संख्या है, संस्था एवं सेवाएँ लाभार्थी की पहचान के लिए देश में कहीं से भी सेंट्रल यूनिक आइडेंटिफिकेशन डेटा बेस से संपर्क कर सकती हैं।

लाभ प्राप्त करने में गरीब और हाशिए के निवासियों को होनेवाली समस्या यह है कि राज्य के लाभ के लिए उनके पहचान के दस्तावेज पूरे नहीं होते; यू.आई.डी.ए.आई. के लिए डेटा सत्यापन करने के लिए स्वीकृत 'इंट्रोड्यूसर' सिस्टम ऐसे निवासियों को पहचान प्रमाणित करने को कहेगा।

आजकल लाभ वितरण में युक्त अधिक लागत की जगह यू.आई.डी.-एनेबल्ड-बैंक-अकाउंट-नेटवर्क निवासियों को सीधे लाभ पहुँचाने के लिए एक सुरक्षित और कम लागतवाला मंच उपलब्ध कराता है, फलस्वरूप वर्तमान व्यवस्था में धांधली प्रतिबंधित की जाती है।

यू.आई.डी.ए.आई. निवासी की पहचान को वैधता देने वाली संस्था को ऑनलाइन अधिप्रमाणन सेवाएँ उपलब्ध कराएगी; यह सेवा निर्धारित लाभार्थियों तक लाभ की पहुँच की वास्तविकता सुनिश्चित करेगी।

स्पष्ट उत्तरदायित्व और पारदर्शी नियंत्रण से लाभार्थियों और सदृश्य संस्थाओं तक अधिकारों और शक्तियों के समान वितरण में उल्लेखनीय संशोधन होंगे।

आधार का उपयोग सत्यापन प्रक्रिया में करते हुए निवासी को अपनी पात्रता, माँग, सेवाएँ और शिकायतों के निदान से संबंधित नवीनतम जानकारियाँ होनी चाहिए, जिनका वह सीधे अपने मोबाइल फोन, किओस्क एवं अन्य माध्यमों से स्वयं लाभ उठा सके। निवासियों द्वारा मोबाइल पर सेल्फ-सर्विस से टू-फैक्टर ऑथेंटिफिकेशन (जैसे—निवासी के रजिस्टर्ड मोबाइल नंबर की और निवासी के आधार पिन की जानकारी से अधिकारिता प्रमाणित करना) के उपयोग से सुरक्षा सुनिश्चित रहती है। ये मानक भारतीय रिजर्व बैंक द्वारा निर्धारित मोबाइल बैंकिंग और पेमेंट के मानकों का पालन करते हैं।

क्या आधार प्राप्त करना अनिवार्य हो जाएगा ?

आधार के लिए आवेदन करना किसी व्यक्ति का चयन हो सकता

है, साथ ही लाभ और सेवाएँ प्रदान करनेवाली संस्थाएँ अपनी व्यवस्था में आधार का उपयोग करने का चयन और यह अपेक्षा कर सकती हैं कि उनके लाभार्थियों या उपभोक्ता इन सेवाओं के लिए आधार प्रदान करें।

आधार प्राप्त करने हेतु किसी व्यक्ति द्वारा क्या जानकारियाँ दी जानी होती हैं ?

जनसांख्यिकीय जानकारी—नाम, जन्म तिथि, लिंग, पता इत्यादि। बायोमीट्रिक जानकारी—फोटो, दस उँगलियों की छाप, आँख की पुतली की स्कैनिंग।

किसी व्यक्ति की जन्म तिथि किस प्रकार मान्य की जाती है ?

आधार डेटा बेस में जन्म तिथि के सत्यापित, स्पष्ट या सन्निकट होने पर संकेत के लिए एक निशान बन जाता है। सही जन्म तिथि न मिलने पर निवासी को केवल आयु बताने के लिए कहा जाता है। नामांकन सॉफ्टवेयर में आयु पता लगाने और जन्म तिथि की गणना करने की व्यवस्था होती है।

क्या रजिस्ट्रार बाद में परिचयकर्ता को लगा/हटा सकता है ?

हाँ, रजिस्ट्रार बाद में परिचयकर्ता को लगा/हटा/व्यवस्थित कर सकता है। परिचयकर्ता के परिचालन का क्षेत्र भी अंतिम स्तर पर व्यवस्थित किया जा सकता है। यू.आई.डी.ए.आई. रजिस्ट्रार को परिचयकर्ता के जारी कार्य का पुनरावलोकन करने और सूची में अपेक्षित बदलाव करने को प्रोत्साहित करता है।

यू.आई.डी. डेटा बेस का उपयोग कौन कर कर सकता है, डेटा बेस की सुरक्षा किस प्रकार सुनिश्चित होती है ?

आधार संख्या-धारक निवासियों को यू.आई.डी. डेटा बेस में संग्रहीत अपनी जानकारियों के उपयोग की पात्रता दी जाती है। सी.आई.डी.आर. संचालन को डेटा बेस के सीमित उपयोग के लिए सख्त एक्सेस प्रोटोकॉल का पालन करना होगा। डेटा बेस भी अपने आप में हैकिंग एवं अन्य प्रकार के साइबर अटैक से सुरक्षित होगा।

निवासी की शिकायतों का निदान किस प्रकार होता है ?

यू.आई.डी.ए.आई. सभी प्रश्नों और शिकायतों के निदान तथा संस्था से संपर्क करने के लिए एकल बिंदु रूप में एक संपर्क केंद्र स्थापित करता है। संपर्क केंद्र का विवरण नामांकन शुरू होने पर वेबसाइट पर सार्वजानिक किया जाता है। इस सिस्टम के उपयोगकर्ताओं से अपेक्षा होती है कि वे निवासी, रजिस्ट्रार और नामांकन संस्था हों। नामांकन करानेवाले निवासी को नामांकन संख्या के साथ एक मुद्रित रसीद दी जाती है, जिससे वह अपनी नामांकन-अवस्था संबंधी पूछताछ के लिए संपर्क केंद्र से किसी भी संवाद प्रणाली से संवाद करने में सक्षम हो जाता है। प्रत्येक नामांकन संस्था को एक यूनिक (अद्वितीय) संख्या दी जाती है, जिससे संपर्क केंद्र, जिसमें तकनीकी हेल्पडेस्क भी शामिल है, तक पहुँच शीघ्र एवं सुस्पष्ट होती है।

क्या कोई निवासी आधार का त्याग कर सकता है ?

निवासी के पास पहली अवस्था में आधार के लिए नामांकन न करने का विकल्प रहता है। आधार एक सेवा वितरण उपकरण है, इसकी संस्थापना किसी अन्य उद्देश्य के लिए नहीं हुई है। आधार चूँकि हर निवासी का यूनिक (अद्वितीय) है, अहस्तांतरणीय है। यदि निवासी आधार का उपयोग नहीं करना चाहता, यह निष्क्रिय बना रहेगा; क्योंकि इसका उपयोग व्यक्ति विशेष की भौतिक उपस्थिति एवं बायोमीट्रिक अधिप्रमाणन पर आधारित है, तथापि वर्तमान में यहाँ आधार डेटा बेस से बाहर निकलने जैसा कोई प्रावधान नहीं है, किंतु एक बार फिर यहाँ यह बताना होगा कि केवल निवासी के अलावा उसके आधार का उपयोग अन्य किसी के द्वारा नहीं किया जा सकता।

क्या निवासी का डेटा आधार डेटा बेस से परिशोधित किया जा सकता है ?

चूँकि यह सेवा सरकार द्वारा उपलब्ध कराई गई है, इसमें एक बार आधार प्राप्त कर लेने पर निवासी का डेटा, डेटा बेस से हटाए जाने का कोई प्रावधान नहीं है। यह डेटा इसलिए भी अपेक्षित है, क्योंकि यह निवासी की अद्वितीयता के संस्थापन में डेटा बेस में मौजूद रिकॉर्ड में किसी भी अन्य

प्रवेशी के डी-डुप्लिकेशन के लिए उपयुक्त होता है। केवल इस प्रक्रिया के पूरा होने के बाद ही आधार जारी किया जाता है।

क्या सरकार ने आयकर रिटर्न दाखिल करते समय आधार का हवाला देना अनिवार्य कर दिया है?

हाँ, आयकर अधिनियम, 1961 के अनुच्छेद 139एए, जो कि फाइनेंस ऐक्ट, 2017 द्वारा पुन: स्थापित किया गया, के अंतर्गत आयकर रिटर्न दाखिल करते समय आधार/आधार आवेदन-पत्र की नामांकन आई.डी. का हवाला देना अनिवार्य हो गया है।

मेरे पास पैन नंबर पहले से ही है, आयकर रिटर्न के लिए दाखिल करते समय जिसका हवाला देता रहा हूँ। क्या तब भी मुझे आधार संख्या का हवाला देना होगा?

हाँ, परमानेंट अकाउंट नंबर (पैन) आधार संख्या से लिंक न होने पर दिसंबर 2017 के बाद अमान्य।

आधार और पैन में मेरा नाम अलग-अलग है, जिससे दोनों लिंक नहीं किए जा रहे हैं, क्या करना होगा?

आधार और पैन को लिंक करने के लिए, आदर्श रूप में आपका जनसांख्यिकीय विवरण (जैसे नाम, लिंग और जन्म तिथि) दोनों दस्तावेजों में समान होना चाहिए।

मेरे पास जन्म तिथि का कोई प्रमाण नहीं है। मैं आधार अथवा पैन में अपनी जन्म तिथि किस प्रकार अद्यतन कर सकता हूँ, ताकि इन्हें लिंक किया जा सके?

आधार में, निवासी द्वारा जन्म तिथि के दस्तावेजी प्रमाण उपलब्ध कराने पर जन्म तिथि 'सत्यापित' मानी जाती है और निवासी द्वारा बिना किसी दस्तावेज के जन्म तिथि बताने पर जन्म तिथि 'घोषित' मानी जाती है।

क्या भारत में पैन के लिए आवेदन करने पर आधार के लिए नामांकन कराना अनिवार्य है, यदि हाँ, तब एन.आर.आई. के लिए क्या प्रक्रिया है?

आयकर अधिनियम, 1961 की धारा 139एए, जो कि फाइनेंस ऐक्ट,

2017 द्वारा पुन: स्थापित किया गया, के तहत आय की वापसी के लिए दाखिल करने और परमानेंट अकाउंट नंबर के आवंटन के लिए आवेदन करते समय आधार/आधार आवेदन–पत्र की नामांकन आई.डी. का हवाला देना अनिवार्य हो गया है, जो कि 1 जुलाई, 2017 से लागू है। आधार अथवा नामांकन आई.डी. का हवाला देने की अनिवार्यता केवल उसी व्यक्ति पर लागू होती है, जो आधार संख्या पाने का पात्र है। आधार (वित्तीय एवं अन्य सब्सिडी, लाभ और सेवाओं के लक्षित वितरण) अधिनियम, 2016 के अनुसार केवल यहाँ का निवासी व्यक्ति ही आधार पाने हकदार है। उक्त अधिनियम के अनुसार निवासी होने का अर्थ है वह व्यक्ति, जिसने भारत में बारह महीनों में एक अवधि अथवा समयावधियों, जिनका योग एक सौ बयासी दिन या अधिक हो, तक नामांकन की तिथि से पहले तात्कालिक निवास किया है।

मैंने आधार के लिए नामांकन किया है, पर मुझे अभी आधार संख्या नहीं प्राप्त हुई है, क्या मैं ऐसे में अपनी आयकर वापसी के लिए दाखिल कर सकता हूँ?

हाँ, आप आयकर वापसी के लिए दाखिल करते समय नामांकन केंद्र द्वारा नामांकन के दौरान दी गई रसीद/ई.आई.डी. स्लिप में लिखित ई.आई.डी. नंबर का हवाला दे सकते हैं।

क्या बैंक खाते को आधार से जोड़ना आवश्यक है?

1 जून, 2017 को वित्त मंत्रालय द्वारा राजपत्रित अधिसूचना के अनुसार, सभी व्यक्तियों से 31 दिसंबर, 2017 से पहले आधार संख्या देकर अपने सभी बैंक खातों को आधार से जोड़ने के लिए कहा गया था। आधार न होने पर निवासियों को सलाह दी गई कि वे आधार पाने के लिए अपना नामांकन कराएँ।

यदि निवासी एक एन.आर.आई./ओ.सी.आई. कार्ड धारक है और उसका बैंक खाता भारत में है, जबकि उसके पास आधार नहीं है। उसके बैंक खाते का क्या होगा?

एन.आर.आई. को सलाह दी जाती है कि वह अपने बैंक को यहाँ का

निवासी न होने की जानकारी प्रमाण के साथ दे। खाते के चालू अवस्था में न होने के बारे में केवल संबंधित बैंक ही जवाब दे सकते हैं।

क्या बैंक में ट्रांजेक्शन अमाउंट 50,000 रुपए या अधिक होने पर आधार जमा कराने की आवश्यकता है ?

1 जून, 2017 को वित्त मंत्रालय द्वारा राजपत्रित अधिसूचना के अनुसार, 50,000 रुपए या उससे अधिक के सभी ट्रांजेक्शन में आधार माँगा जाएगा।

मैं आधार के लिए नामांकन कहाँ करा सकता हूँ ?

आधार के लिए नामांकन कराने हेतु आपको नामांकन संस्था द्वारा लगाए गए आधार नामांकन केंद्र जाना होगा।

आधार नामांकन में लगनेवाले जरूरी दस्तावेज क्या-क्या हैं ?

आपको नामांकन केंद्र में उपलब्ध एक आवेदन-पत्र भरना होगा, जिसके साथ पहचान प्रमाण एवं पता प्रमाण के लिए सहायक दस्तावेज लगाने होंगे।

क्या आधार नामांकन के लिए मुझे दस्तावेजों की मूल प्रति लाने की आवश्यकता है ?

हाँ, आधार नामांकन के लिए आपको अपने सहायक दस्तावेजों की मूल प्रति लानी होगी। ये मूल प्रतियाँ स्कैन की जाएँगी और नामांकन के बाद आपको वापस सौंप दी जाएँगी।

क्या आधार नामांकन के लिए मुझे कोई फीस चुकानी होगी ?

नहीं, आधार नामांकन एकदम निःशुल्क है, अतः इसके लिए आपको नामांकन केंद्र में कोई अदायगी नहीं करनी है।

आधार नामांकन के दौरान किस प्रकार का डेटा लिया जाता है ?

आधार नामांकन के लिए दो प्रकार का डेटा लिया जाता है, जनसांख्यिकीय (जैसे नाम, लिंग, जन्म तिथि, पता, मोबाइल नंबर और इ-मेल आई.डी.) एवं बायोमीट्रिक (जैसे दस उँगलियों की छाप, दोनों आँख की पुतलियों की स्कैनिंग और फोटो)। मोबाइल नंबर और इ-मेल वैकल्पिक हैं।

क्या आधार नामांकन कराने के लिए कोई ऑनलाइन व्यवस्था है ?

नहीं, आपको नामांकन के लिए व्यक्तिगत तौर पर आधार नामांकन केंद्र

जाना होगा, क्योंकि इसके लिए आपकी बायोमीट्रिक जानकारियाँ ली जाएँगी।

क्या मैं डाक द्वारा केवल अपेक्षित दस्तावेज भेजकर आधार के लिए अपना नामांकन करा सकता हूँ?

नहीं, आपको नामांकन के लिए व्यक्तिगत तौर पर आधार नामांकन केंद्र जाना होगा, क्योंकि इसके लिए आपकी बायोमीट्रिक जानकारियाँ ली जाएँगी।

क्या होगा यदि पावती/नामांकन पर्ची में लिखित जनसांख्यिकीय विवरण सहायक दस्तावेजों के साथ मेल नहीं खा रहे?

आप नामांकन के समय से 96 घंटे के अंदर अपने विवरण संशोधित करा सकते हैं। 96 घंटेवाली विंडो आपकी नामांकन पावती/नामांकन पर्ची में टाइम स्टैंप लगने के साथ ही शुरू हो जाती है।

96 घंटे हो जाने बाद मैं अपना विवरण किस प्रकार संशोधित करा सकता हूँ?

यदि आप 96 घंटेवाली विंडो में अपनी जानकारियाँ संशोधित नहीं करा पाए हैं, तब आप अपना आधार बनने के बाद विवरण अद्यतन कर सकते हैं।

क्या मैं उँगली और पुतली में से किसी के न होने पर आधार के लिए नामांकन करा सकता हूँ?

हाँ, आप उँगली और पुतली में से किसी या सभी के न होने पर भी आधार के लिए नामांकन करा सकते हैं। आधार सॉफ्टवेयर में इस प्रकार के अपवाद स्वीकारने का प्रावधान है।

क्या आधार नामांकन के लिए मोबाइल नंबर या इ-मेल देना अनिवार्य है?

नहीं, आधार नामांकन के लिए मोबाइल नंबर या इ-मेल देना अनिवार्य नहीं है, किंतु हमेशा मोबाइल नंबर और इ-मेल प्रदान करने की सलाह दी जाती है, जिससे आप अपने आधार आवेदन की अवस्था की नवीनतम जानकारियाँ प्राप्त कर सकें।

क्या आधार नामांकन के लिए कोई आयु सीमा है?

नहीं, आधार नामांकन के लिए कोई आयु सीमा निर्धारित नहीं है, यहाँ

तक कि एक नवजात शिशु भी आधार के लिए नामांकन करा सकता है।

नामांकन के बाद मेरा आधार बनने में कितना समय लग जाएगा ?

आधार बनने में नामांकन की तिथि से 90 दिनों का समय लगेगा।

मुझे कैसे पता चलेगा कि मेरा आधार बन चुका है ?

आधार बन जाने पर, आपको आपके पंजीकृत मोबाइल नंबर पर संदेश प्राप्त हो जाएगा। आप वेबसाइट पर भी आधार की अवस्था देख सकते हैं।

क्या आधार बन जाने पर मैं बाद में अपना आधार ऑनलाइन डाउनलोड कर सकता हूँ ?

हाँ, एक बार आपका आधार बन जाने पर, आप बाद में कभी भी आधार नामांकन सेक्शन में वेबसाइट पर 'डाउनलोड इ-आधार' पर क्लिक करके इ-आधार डाउनलोड कर सकते हैं।

क्या ऑनलाइन डाउनलोड किया गया आधार लेटर मूल आधार जितनी ही मान्यता रखता है ?

हाँ, ऑनलाइन डाउनलोड किया गया इ-आधार लेटर मूल आधार जितना ही मान्य है।

मैंने कई बार आधार के लिए नामांकन किया है, लेकिन मुझे अभी तक आधार लेटर प्राप्त नहीं हुआ है। ऐसे में मुझे क्या करना होगा ?

हो सकता है आपका आधार बन गया हो, पर डाक द्वारा आप तक नहीं पहुँचा। ऐसे में आप अपने निकटतम आधार नामांकन केंद्र पर विजिट करें या आधार वेबसाइट से इ-आधार डाउनलोड करें।

मैंने अपने मोबाइल पर संदेश प्राप्त किया है कि मेरा आधार अस्वीकार किया जा चुका है, मुझे क्या करना चाहिए ?

आधार निर्माण में विभिन्न गुणवत्ता जाँचें शामिल होती हैं, इसीलिए संभव है आपका आधार गुणवत्ता या किसी अन्य तकनीकी कारण से अस्वीकृत कर दिया गया हो। ऐसी स्थिति में आप पुनः नामांकन करें।

मेरे पास आधार नामांकन के लिए आवश्यक दस्तावेज नहीं हैं, क्या मैं फिर भी नामांकन कर सकता हूँ ?

हाँ, यदि परिवार में किसी के पास अवाश्यक दस्तावेज नहीं हैं, फिर भी

यदि उसका नाम परिवार की पात्रता के दस्तावेजों में हो, तब आधार के लिए नामांकन किया जा सकता है। इस स्थिति में पात्रता के दस्तावेजों में परिवार के मुखिया के लिए अनिवार्य है कि पहले वह मान्य पहचान का प्रमाण और पते के प्रमाण दस्तावेजों के साथ अपना नामांकन कराए, तब परिवार के मुखिया के ई.आई.डी./आधार संख्या के आधार पर अन्य पारिवारिक सदस्य नामांकन करा सकते हैं। यू.आई.डी.ए.आई. संबंध के प्रमाण (प्रूफ ऑफ रिलेशनशिप, पी.ओ.आर.) के रूप में 8 प्रकार के दस्तावेज स्वीकार करती है—

1. राशन कार्ड
2. मनरेगा जॉब कार्ड
3. सी.जी.एच.एस. मेडिकल कार्ड
4. पेंशन कार्ड
5. सेना कैंटीन कार्ड
6. पासपोर्ट
7. जन्म के रजिस्ट्रार, नगर निगम और तालुक, तहसील आदि जैसे अन्य अधिसूचित स्थानीय सरकारी निकायों द्वारा जारी जन्म प्रमाण-पत्र।
8. किसी भी अन्य केंद्रीय/राज्य सरकार द्वारा जारी परिवार के हकदार दस्तावेज।

निवासी का नामांकन अस्वीकार्य न हो, यह सुनिश्चित करने के लिए उसके क्या-क्या उत्तरदायित्व हैं ?

निवासी अपने सम्मुख उपस्थित रेजीडेंट स्क्रीन पर अपना विवरण अंग्रेजी में, साथ ही साथ स्थानीय भाषा में जरूर पढ़ लें। यह सुनिश्चित कर लें कि नाम, लिंग, जन्म तिथि, पता आदि सब ठीक हैं। यह भी सुनिश्चित करें कि कोई उपाधि/अभिवादन जैसे श्री/श्रीमान/कर्नल/डॉक्टर आदि नाम के आगे या पीछे न लगे हों। अपना संक्षिप्त नाम देने की बजाय पूरा नाम देने की सलाह दी जाती है। जैसे एम.डी. शर्मा के स्थान पर महेश दत्त शर्मा लिखा

जाना चाहिए। यह भी देखें कि ऑपरेटर द्वारा लिया गया फोटोग्राफ सही और पहचाने जाने योग्य है।

क्या दस्तावेज में शामिल पारिवारिक सदस्यों, जिनका अपना निजी पी.ओ.आई. या पी.ओ.ए. दस्तावेज नहीं है, के लिए राशनकार्ड मनरेगा कार्ड आदि पहचान के प्रमाण पते के प्रमाण के रूप में मान्य किए जा सकते हैं ?

हाँ, पारिवारिक नामांकन के लिए परिवार के अधिकार पत्र पहचान/पते के प्रमाण के रूप में स्वीकार्य हैं, जब उपस्थित दस्तावेजों में, जिसका फोटो लगा हो, परिवार का वही मुखिया पारिवारिक सदस्यों की पहचान और पता सत्यापित करे तथा रजिस्ट्रार द्वारा अधिकृत सत्यापक दस्तावेजों को प्राप्त सूचना के प्रमाण के रूप में प्रतिहस्ताक्षरित करे।

क्या यू.आई.डी.ए.आई. पारिवारिक नामांकन के लिए निर्धारित प्रक्रिया का पालन करती है ?

हाँ, परिवार के मुखिया को निरपवाद रूप से पहचान का प्रमाण/पते के प्रमाण की मूल प्रतियाँ सत्यापन के लिए लानी होंगी और केवल उन्हीं पारिवारिक सदस्यों का नामांकन इस आधार पर किया जाएगा, जिनके नाम और अन्य विवरण पारिवारिक अधिकार पत्रों में उल्लिखित होंगे। पारिवारिक नामांकन के लिए यह अपेक्षित है कि जितना संभव हो सके, पूरा परिवार एक साथ नामांकन के लिए आए। यदि एक दिन में सभी का नामांकन न हो सके, तब जब कभी भी वह सदस्य नामांकन के लिए आए निरपवाद रूप से परिवार के मुखिया को उसके साथ आना होगा।

पते के प्रमाण दस्तावेज में मामूली संशोधन करने का क्या विकल्प है, क्या निवासी की अतिरिक्त जानकारियाँ स्वीकार की जा सकेंगी ?

हाँ, निवासी को पते के प्रमाण दस्तावेज में लिखित पते में मामूली जानकारियाँ, जैसे मकान नं., लेन नं., गली नं., मुद्रण की त्रुटियों का संशोधन, पिन कोड में कुछ मामूली बदलाव/संशोधन इत्यादि जोड़ने की अनुमति दी जा सकती है, जब तक कि यह संयोजन/परिवर्तन पी.ओ.ए. में उल्लिखित मूल

पते में कोई रद्दोबदल न करे। यदि अनुरोधित बदलाव से पते के प्रमाण में उल्लिखित मूल पता परिवर्तित होता है, तब निवासी को एक वैकल्पिक पते का प्रमाण देना होगा या किसी परिचयकर्ता के माध्यम से नामांकन करना होगा।

यदि एक निवासी के पास पते के कई प्रमाण उपलब्ध हों (जैसे वर्तमान और पैदाइशी), तब यू.आई.डी.ए.आई. कौन सा पता स्वीकार करेगी और यह आधार लेटर कहाँ भेजेगी ?

यू.आई.डी.ए.आई. निवासी को (पते के विभिन्न प्रमाणों में से) जिस पर वह अपना आधार लेटर प्राप्त करना चाहता हो, पते की पुष्टि करने को कहेगी। निवासी के चयन के आधार पर यू.आई.डी.ए.आई. सहायक दस्तावेजों से विवरण लेगी।

क्या मैं आधार में अपने विवरण का नवीनीकरण करा सकता हूँ ?

हाँ, आप सदा आधार में अपने विवरण अद्यतन करा सकते हैं।

आधार में मैं किन क्षेत्रों को अद्यतन कर सकता हूँ ?

आप आधार में जनसांख्यिकीय विवरण (नाम, पता, जन्म तिथि, लिंग, मोबाइल नंबर, इ-मेल) तथा बायोमीट्रिक जानकारियाँ (उँगलियों की छाप, पुतलियों की स्कैनिंग एवं फोटो) अद्यतन करा सकते हैं।

क्या आधार में विवरण अद्यतन करने के लिए कोई शुल्क है ?

हाँ, आधार में जनसांख्यिकीय या बायोमीट्रिक विवरण अद्यतन करने के लिए आपको सेवा प्रदाता को हरेक बार के अद्यतन का 25 रुपए शुल्क देना होगा।

मैं आधार में अपना विवरण किस प्रकार अद्यतन कर सकता हूँ ?

आधार में विवरण अद्यतन करने के तीन अलग-अलग तरीके हैं—

1. स्थायी नामांकन केंद्र जाकर।
2. ऑनलाइन सेल्फ सर्विस अपडेट पोर्टल के उपयोग से।
3. डाक द्वारा, आवेदन-पत्र के साथ सहायक दस्तावेजों को स्वयं अभिप्रमाणित कर यू.आई.डी.ए.आई. भेजें।

क्या किसी प्रकार के अद्यतनीकरण के लिए मेरे मोबाइल नंबर का आधार के साथ पंजीकृत होना अनिवार्य है ?

यदि आप ऑनलाइन सेल्फ सर्विस अपडेट पोर्टल (एस.एस.यू.पी.) का उपयोग कर रहे हैं तो आपका मोबाइल नंबर आधार के साथ पंजीकृत होना चाहिए, अन्यथा आप अद्यतन कराने के लिए सहायक दस्तावेजों के साथ निकटतम स्थायी नामांकन केंद्र जा सकते हैं या डाक द्वारा आवेदन-पत्र और उसके साथ सहायक दस्तावेज भेज सकते हैं।

अद्यतनीकरण के लिए स्थायी नामांकन केंद्र जाने पर मैं क्या-क्या विवरण अद्यतन करा सकता हूँ ?

यदि आप अद्यतनीकरण के लिए स्थायी नामांकन केंद्र विजिट कर रहे हैं तो आप जनसांख्यिकीय (नाम, पता, जन्म तिथि, लिंग, मोबाइल नंबर और इ-मेल) और बायोमीट्रिक (उँगलियों की छाप, पुतलियों की स्कैनिंग एवं फोटो) दोनों प्रकार के विवरण अद्यतन करा सकते हैं।

अद्यतनीकरण के लिए ऑनलाइन सेल्फ सर्विस अपडेट पोर्टल (एस.एस.यू.पी.) का उपयोग करने पर मैं क्या-क्या विवरण अद्यतन कर सकता हूँ ?

यदि आप अद्यतनीकरण के लिए ऑनलाइन सेल्फ सर्विस अपडेट पोर्टल (एस.एस.यू.पी.) का उपयोग कर रहे हैं, तो तब आप जनसांख्यिकीय (नाम, पता, जन्म तिथि, लिंग, मोबाइल नंबर और इ-मेल) विवरण अद्यतन कर सकते हैं। कृपया यह सुनिश्चित कर लें कि इस सेवा का उपयोग करते समय आपका मोबाइल नंबर पंजीकृत होना चाहिए।

अद्यतनीकरण के लिए डाक प्रविधि का उपयोग करने पर मैं क्या-क्या विवरण अद्यतन कर सकता हूँ ?

यदि आप अद्यतनीकरण के लिए डाक प्रविधि का उपयोग कर रहे हैं, तब आप जनसांख्यिकीय (नाम, पता, जन्म तिथि, लिंग, मोबाइल नंबर और इ-मेल) विवरण अद्यतन करा सकते हैं।

क्या अद्यतनीकरण के लिए मुझे अपने दस्तावेजों की मूल प्रति लाने की आवश्यकता है ?

हाँ, नामांकन केंद्र पर अद्यतनीकरण के लिए आपको अपने दस्तावेजों की मूल प्रति लानी होगी। दस्तावेजों की मूल प्रतियाँ स्कैन की जाएँगी और अद्यतनीकरण के बाद आपको वापस सौंप दी जाएँगी।

ऑनलाइन सेल्फ सर्विस अपडेट पोर्टल (एस.एस.यू.पी.) का उपयोग करते हुए मैं अपने सहायक दस्तावेज किस प्रकार जमा करा सकता हूँ ?

यदि आप अद्यतनीकरण प्रविधि में ऑनलाइन सेल्फ सर्विस अपडेट पोर्टल (एस.एस.यू.पी.) का उपयोग कर रहे हैं तो तब आपको अपने दस्तावेजों की मूल प्रति स्कैन करके अपलोड करनी होगी।

अद्यतनीकरण के लिए डाक प्रविधि का उपयोग करने पर क्या मुझे सहायक दस्तावेजों की प्रतियाँ स्वयं-अधिहस्ताक्षरित करना आवश्यक है ?

हाँ, अद्यतनीकरण के लिए डाक प्रविधि का उपयोग करने पर सहायक दस्तावेजों की प्रतियाँ स्वयं-अधिहस्ताक्षरित होना अनिवार्य है।

क्या अद्यतनीकरण के बाद मेरी आधार संख्या बदल जाएगी ?

नहीं, अद्यतनीकरण के बाद भी आपकी आधार संख्या समान रहेगी।

क्या अद्यतनीकरण के लिए भी मुझे उसी नामांकन केंद्र जाना होगा, जहाँ मेरा मूल आधार बना था ?

नहीं, अद्यतनीकरण के लिए आप किसी भी स्थायी नामांकन केंद्र पर जा सकते हैं।

मेरा मोबाइल नंबर आधार में पंजीकृत है, लेकिन मैं इसे दूसरे नंबर से बदलना चाहता हूँ। क्या मैं इसे ऑनलाइन अद्यतन कर सकता हूँ ?

हाँ, यदि आपका मोबाइल नंबर पहले से आधार में पंजीकृत है और अब तक वही है, तो तब आप इसे हमारे सेल्फ सर्विस अपडेट पोर्टल के माध्यम से अपने दूसरे नंबर से स्थानांतरित/अद्यतनीकृत कर सकते हैं। आपको एस.एस.

यू.पी. में वन टाइम पासवर्ड (ओ.टी.पी.) दर्ज करना होगा, जो कि पंजीकृत मोबाइल नंबर पर भेजा जाएगा।

मेरा मोबाइल नंबर खो गया है/वह नंबर, जिसके साथ आधार में नामांकन कराया था, अब मेरे पास नहीं है। मैं अपनी अद्यतनीकरण की अर्जी किस प्रकार दाखिल कर सकता हूँ?

यदि आपका आधार में पंजीकृत मोबाइल नंबर खो गया है/आपके पास नहीं है, तब आपको मोबाइल नंबर अद्यतन कराने के लिए व्यक्तिगत तौर पर निकटतम आधार अद्यतन केंद्र जाना होगा। ऐसे में आप ऑनलाइन या डाक द्वारा अपना मोबाइल नंबर अद्यतन नहीं करा सकते हैं।

क्या मुझे फॉर्म अंग्रेजी और स्थानीय भाषा में भरना होगा?

हाँ, एस.एस.यू.पी. तथा डाक, दोनों माध्यमों से अद्यतनीकरण की अर्जी के लिए फॉर्म अंग्रेजी के साथ ही साथ स्थानीय भाषा में भी भरें। आधार में नामांकन के दौरान प्रयुक्त स्थानीय, जो आपके आधार लेटर में भी है, भाषा का ही उपयोग करें।

क्या डाक द्वारा अद्यतनीकरण की अर्जी भेजने के लिए प्रयुक्त होनेवाला कोई आवेदन फॉर्म है, जिसका मुझे उपयोग करना चाहिए?

हाँ, यू.आई.डी.ए.आई. की वेबसाइट पर प्रसारित मानक का उपयोग करें।

मैं अपनी अर्जी डाक द्वारा कहाँ भेज सकता हूँ?

आवेदन-पत्र के साथ सहायक दस्तावेज यू.आई.डी.ए.आई. भेजने की आवश्यकता है। लिफाफे के ऊपर 'आधार अद्यतन/परिवर्तन' लिखें। लिफाफे को अच्छे से बंद करें। आप अद्यतनीकरण की अर्जी रजिस्टर्ड पोस्ट से निम्न पते पर भेज सकते हैं—

यू.आई.डी.ए.आई., पोस्ट बॉक्स नं। 99, बंजारा हिल्स, हैदराबाद -500034, भारत

क्या अद्यतनीकरण की अर्जी पोस्ट/ऑनलाइन पोर्टल के माध्यम से भेजने पर मोबाइल नंबर देना अनिवार्य है?

हाँ, मोबाइल नंबर देना अनिवार्य है, क्योंकि इसका उपयोग आवेदनकर्ता

को कॉल कर सत्यापन करने के लिए किया जा सकता है। आवेदन का स्टेटस निवासी को इसी मोबाइल नंबर पर संदेश भेज कर सूचित किया जाएगा। अद्यतनीकरण के लिए पोस्ट/ऑनलाइन पोर्टल के माध्यम से भेजे गए बिना मोबाइल नंबर के आवेदन अस्वीकार कर दिए जाएँगे।

डाक के माध्यम से अनुरोध भेजते समय, क्या मुझे फार्म के सभी कॉलमों/फील्ड को भरना आवश्यक है या मुझे केवल एक ही विशेष कॉलम/फील्ड में परिवर्तन/संशोधन के लिए अनुरोध करना है ?

हाँ, आपको अद्यतन/परिवर्तन के कॉलम/फील्ड से परे पूरा फॉर्म भरना होगा। किसी भी कॉलम/फील्ड में अद्यतन/परिवर्तन के लिए मोबाइल नंबर देना अनिवार्य है। हालाँकि इ-मेल आई.डी. देना वैकल्पिक है। इसके अतिरिक्त अद्यतन किए जानेवाले कॉलम/फील्ड फॉर्म में स्पष्ट रूप से संकेतित किए गए हों।

क्या केवल संशोधन/परिवर्तन के अनुरोध हेतु आवेदन प्रस्तुत कर देना मात्र ही अद्यतन होने जाने की गारंटी है ?

अद्यतन करने के लिए जानकारी जमा करना मात्र ही आधार डेटा के अद्यतन होने की गारंटी नहीं है। जमा किया गया विवरण सत्यापन और पुष्टि का विषय है। अशुद्ध जानकारियों का प्रस्तुतीकरण/जानकारियाँ छुपाना आवेदन अस्वीकार्य किए जाने का कारण हो सकता है।

क्या मैं आधार में अपनी बायोमीट्रिक जानकारियाँ (उँगलियों की छाप/पुतलियों की स्कैनिंग/फोटोग्राफ) अद्यतन कर सकता हूँ ?

हाँ, आप आधार में अपनी बायोमीट्रिक जानकारियाँ (उँगलियों की छाप/पुतलियों की स्कैनिंग/फोटोग्राफ) अद्यतन कर सकते हैं। बायोमीट्रिक अद्यतनों के लिए आपको निकटतम स्थायी नामांकन केंद्र जाना होगा।

क्या बायोमीट्रिक जानकारियाँ ऑनलाइन या डाक द्वारा अद्यतन करने की कोई प्रविधि है ?

नहीं, फोटोग्राफ से लेकर सभी बायोमीट्रिक अद्यतनों के लिए आपको व्यक्तिगत तौर पर निकटतम आधार स्थायी नामांकन केंद्र जाना होगा।

क्या मुझे अद्यतनीकरण के बाद आधार लेटर प्राप्त होगा ?

केवल नाम, पता, जन्म तिथि और लिंग अद्यतन कराने पर आधार लेटर अद्यतनों के साथ दिए गए पते पर वितरित कर दिया जाएगा। मोबाइल नंबर/इ-मेल अद्यतन कराने पर दिए गए मोबाइल नंबर/इ-मेल पर सूचना भेजी जाएगी।

क्या मैं अद्यतनीकरण के बाद, आधार लेटर ऑनलाइन डाउनलोड कर सकता हूँ ?

हाँ, आवेदन स्वीकृत हो जाने पर आप अपना इ-आधार ऑनलाइन डाउनलोड कर सकते हैं।

रजिस्ट्रार कौन होता है ?

'रजिस्ट्रार' यू.आई.डी. नंबर के नामांकन के प्रयोजन के लिए एक अधिकृत अथवा यू.आई.डी. द्वारा मान्यता-प्राप्त प्राधिकरण है। रजिस्ट्रार आम तौर पर राज्य सरकार/संघ क्षेत्र/पब्लिक सेक्टर अंडरटेकिंग और अन्य एजेंसियों एवं संगठनों के वे विभाग या अभिकरण हैं, जो अपनी कुछ योजनाओं, गतिविधियों अथवा संचालनों के कार्यान्वयन के दौरान निवासियों के साथ बातचीत करते हैं। ऐसे रजिस्ट्रार के उदाहरण हैं—रूरल डेवलपमेंट डिपार्टमेंट (मनरेगा के लिए) या सिविल सप्लाइज ऐंड कंज्यूमर अफेयर्स ड़िपार्टमेंट (टी.पी.डी.एस.-लक्षित सार्वजनिक वितरण प्रणाली के लिए), इंश्योरेंस कंपनी जैसे लाइफ इंश्योरेंस कॉरपोरेशन एवं बैंक।

रजिस्ट्रार सीधे निवासियों अथवा नामांकन एजेंसियों से जनसांख्यिकीय एवं बायोमीट्रिक डेटा एकत्र करते हैं। यू.आई.डी.ए.आई. में रजिस्ट्रार द्वारा समूची आधार नामांकन प्रक्रिया के निष्पादन के लिए विकसित मानक, कार्यप्रणाली एवं कार्यविधियाँ, दिशा निर्देश एवं तकनीकी व्यवस्था है।

□

AADHAR

9

आधार : विवाद और फायदे

आधार के बारे में विशेषज्ञों की अलग-अलग राय है, लेकिन पहली नजर में इससे होनेवाले फायदों की सूची लंबी है। आइए इस पर एक नजर डाल लेते हैं।

आधार मृत्यु प्रमाण-पत्र के लिए जरूरी

गत दिनों सरकार ने नोटिफिकेशन जारी करते हुए कहा कि एक अक्तूबर 2017 से मृत्यु प्रमाण-पत्र तब जारी किया जाएगा, जब मृतक के परिजन अधिकारियों को आधार नंबर मुहैया कराएँगे। अधिसूचना में कहा गया कि आवेदक को मृतक का आधार नंबर या एनरोलमेंट आई.डी. नंबर और मृत्यु प्रमाण-पत्र के लिए आवेदन में माँगी गई अन्य जानकारी मुहैया करानी होगी, जिससे कि मृतक की पहचान स्थापित हो सके। यह अधिसूचना असम, जम्मू-कश्मीर और मेघालय के लिए भी जारी की गई थी। हालाँकि मामले में बढ़े विवाद के बाद कहा गया कि अगर मृतक का आधार नहीं है तो परिजन को मृत्यु प्रमाण-पत्र के लिए चिंतित होने की जरूरत नहीं है। मृतक के लिए आधार इसलिए जरूरी किया गया है, क्योंकि कुछ लोग सब्सिडी और अन्य सुविधाओं के लिए मृत लोगों के नाम का इस्तेमाल करते हैं। गौरतलब है कि सरकार 300 से ज्यादा योजनाओं के माध्यम से करीब 6000 करोड़ रुपए लोगों के खाते में डालती है।

बैंक एकाउंट आधार से लिंक

सुप्रीम कोर्ट ने कहा है कि बैंक और मोबाइल सर्विस प्रोवाइडर की तरफ से जो लोगों को आधार से लिंक करने के लिए एस.एम.एस. भेजे जाते हैं, उसमें डेडलाइन भी बताई जाए। केंद्र की ओर से मोबाइल नंबर के लिए 6 फरवरी, 2018 और पुराने बैंक एकाउंट को लिंक करने के लिए आखिरी तारीख 31 दिसंबर, 2017 बताई गई थी। केंद्र सरकार ने सुप्रीम कोर्ट में कहा था कि वह पुराने बैंक एकाउंट को आधार से अनिवार्य रूप से लिंक करने की तारीख 31 मार्च, 2018 कर सकती है।

ममता को झटका

पश्चिम बंगाल सरकार द्वारा कल्याणकारी योजनाओं में आधार की अनिवार्यता के खिलाफ मामले पर सुप्रीम कोर्ट में सुनवाई हुई। आधार कार्ड पर ममता बनर्जी केंद्र के कानून को चुनौती नहीं दे सकतीं। सुप्रीम कोर्ट ने ममता बनर्जी सरकार की याचिका पर सवाल उठाए। कोर्ट ने कहा कि राज्य सरकार ने ऐक्ट की वैधता को कैसे चुनौती दी। अगर चुनौती देनी है तो ममता बनर्जी एक नागरिक की तरह चुनौती दें। कोर्ट ने कहा कि इसमें कोई शक नहीं है, इन मामलों पर विचार करना जरूरी है।

कोर्ट ने याचिका में संशोधन करने को कहा। कोर्ट ने कहा कि कल को केंद्र राज्य सरकार के कानून को चुनौती देने लगेगा। ऐसे में राज्य सरकार संसद् के कानून को कैसे चुनौती दे सकती है ? सरकार कानून को चुनौती देने की बजाय याचिका में संशोधन करे।

81 लाख आधार नंबर डिएक्टिवेट

करीब 81 लाख आधार नंबर और 11 लाख पैन (परमानेंट अकाउंट नंबर) या तो हटा दिए गए या डिएक्टिवेट कर दिए गए हैं। सरकार ने 1 जुलाई, 2017 से आधार कार्ड को नया पैन कार्ड बनवाने के लिए भी जरूरी बना दिया है। पैन कार्ड के जरिए सरकार आपके लेन-देन का लेखा-जोखा रखती है।

एक से ज्यादा पैन कार्ड रखनेवालों की नकेल कसने के लिए सरकार ने हाल ही में 11 लाख पैनकार्ड रद्द कर दिए। इसी क्रम में केंद्र सरकार ने अब करीब 81 लाख से ज्यादा आधार कार्ड डिएक्टिवेट कर दिए हैं। यह कदम यूनिक आईडेंटिफिकेशन अथॉरिटी ऑफ इंडिया (भारतीय विशिष्ट पहचान प्राधिकरण) ने उठाया। सरकार के इस कदम से सबसे ज्यादा असर बच्चों और 18 साल से कम उम्र वाली बालिकाओं पर पड़ा। वे बच्चे, जो 5 साल की उम्र पार कर चुके हैं और उनके माता-पिता ने दो साल का ग्रेस पीरियड बीत जाने के बाद भी इनको अपडेट नहीं कराया, उनके आधार कार्ड भी ब्लॉक कर दिए गए।

अगर आपने अपना आधार कार्ड 3 सालों तक इस्तेमाल नहीं किया है तो आपका आधार नंबर ब्लॉक किया जा सकता है। अपने आधार कार्ड को ब्लॉक होने से बचाने के लिए आप इसे बैंक अकाउंट से लिंक कर सकते हैं। अगर आप आयकर रिटर्न भरते हैं तो इसे पैन कार्ड से भी लिंक करा सकते हैं।

जब आप नया पैन बनवाएँ तो आधार नंबर जरूर दें और नया सिम लेने से पहले भी आधार कार्ड दें। इससे आपका आधार नंबर एक्टिव रहेगा और ब्लॉक नहीं होगा। सरकार ने अब ड्राइविंग लाइसेंस के लिए भी आधार को अनिवार्य बना दिया है। अगर आपके पास आधार नहीं है तो अब आपका ड्राइविंग लाइसेंस नहीं बन पाएगा।

आधार निजता की रक्षा हेतु खतरा नहीं

विभिन्न सरकारी विभागों और योजनाओं से आधार को जोड़े जाने को लेकर विवाद गहराता रहा है। इस पर राजनीतिक वर्ग के साथ-साथ देश के बौद्धिक तबके की तरफ से भी कई आशंकाएँ जताई जा रही हैं, जिनमें निजता के अधिकार का उल्लंघन सबसे बड़ी चिंता है। देश की शीर्ष अदालत में भी आधार की अनिवार्यता को लेकर कानूनी जंग लड़ी जा रही है।

लेकिन आधार की खूबी यह है कि यह हमारे देश में अपनी पहचान साबित करने के लिए पारंपरिक रूप से जिन-जिन दस्तावेजों का उपयोग

किया जाता रहा है, उसके मुकाबले कहीं अधिक भरोसेमंद तरीके से हमारी पहचान स्थापित करता है। अध्ययनों में यह पाया गया है कि पहचान का कोई भी पत्र जारी होने पर तुरंत उनकी फर्जी, नकली और जाली प्रतियाँ बाजार में मिलने लगती हैं और फिर इस तरह ये कई तरह की मुश्किलें पैदा करती हैं। अगर विभिन्न सरकारी योजनाओं के तहत सब्सिडी पाने या उनकी सेवा हासिल करने के लिए जाली पहचान-पत्र का इस्तेमाल होता है, तो इससे बड़े पैमाने पर उस धन का रिसाव होता है, जो इस मद में आवंटित किया जाता है और फिर उस राशि की दिशा बदल जाती है। अगर जाली दस्तावेज का उपयोग ऐसी सेवाओं के लिए किया गया, जिनमें कोई सरकारी रियायत नहीं मिलती, तो वहाँ उन सेवाओं की गुणवत्ता पर इसका बुरा असर पड़ेगा।

उदाहरण के लिए, अगर पैन कार्ड या बैंक खाता खुलवाने के लिए फर्जी दस्तावेज का इस्तेमाल किया गया, तो कल्पना कीजिए कि पूरे सिस्टम पर इसका क्या कुछ असर पड़ सकता है—इससे काला धन तो पैदा होगा ही, करों की चोरी बढ़ेगी और धोखाधड़ी भी बढ़ेगी और जाहिर सी बात है कि इससे सरकार प्रभावित होगी, तो फिर करदाता प्रभावित होंगे और अंततः देश की जनता प्रभावित होगी।

अगर कोई जाली दस्तावेज की बुनियाद पर बैंक खाता खुलवाने और फिर उसमें लेन-देन करने में कामयाब हो जाता है, तो वह आसानी से काफी सारे लोगों से पैसे इकट्ठा कर चंपत भी हो सकता है। आधार के बाद यह सब करना मुश्किल हो गया है।

यू.आई.डी.ए.आई. के पास ऐसी सूचना नहीं होती है कि आपने अपना आधार कहाँ-कहाँ इस्तेमाल किया है। यू.आई.डी.ए.आई. न्यूनतम सूचनाओं को इकट्ठा करने और उनकी गोपनीयता की श्रेष्ठतम रक्षा में यकीन रखता है। इसलिए यू.आई.डी.ए.आई. संबंधित एजेंसी को सिर्फ यही बताता है कि यह आधार नंबर और इस उँगली के निशान मिलते हैं। अब वह एजेंसी किस मकसद से इस सूचना का इस्तेमाल करेगी, हम इसके बारे में नहीं पूछते हैं।

इसलिए यू.आई.डी.ए.आई. के पास कभी कोई ऐसा डेटा नहीं होता,

जो आपकी निजता की रक्षा के अधिकार को प्रभावित करता हो। यू.आई. डी.ए.आई. के पास कभी भी आपका बैंक संबंधी ब्योरा या आयकर से जुड़ा ब्योरा नहीं होता, इसलिए लोगों को घबराने या डरने की कोई आवश्यकता नहीं है, क्योंकि यू.आई.डी.ए.आई. के पास बिल्कुल अलग किस्म का डेटा होता है और अगर किसी ने इसे हैक भी कर लिया, तो उसे आपका सबकुछ कतई नहीं पता चल पाएगा। यह इसलिए मुमकिन नहीं है, क्योंकि यू.आई. डी.ए.आई. डेटा नहीं जुटाता।

आधार इसके उपयोगकर्ताओं के लिए कितना सुरक्षित है ? यह एक ऐसा सवाल है, जो बहुत सारे लोग आज पूछ रहे हैं। इसके जवाब के दो पहलू हैं। पहला, आधार की आंतरिक सुरक्षा से जुड़ा पक्ष है, जो पूरी तरह से सुरक्षित है। यू.आई.डी.ए.आई. खतरों के प्रति हमेशा चौकस रहता है और इसकी अचूक निगरानी के लिए निरंतर कदम उठाता रहता है और फिर भी अगर कहीं कानून का उल्लंघन होता है, तो आधार कानून काफी कठोर है। इसके तहत दोषी पाए जानेवाले शख्स को तीन साल की कैद हो सकती है।

यू.आई.डी.ए.आई. का दावा है कि आधार का किसी अन्य उद्देश्य से इस्तेमाल नहीं किया जा सकता। किसी एजेंसी को इस बात की इजाजत नहीं है कि वह बायोमीट्रिक्स को अपने पास स्टोर करे या किसी ऐसी प्रक्रिया में उसका इस्तेमाल करे, जिसमें यह नहीं किया जा सकता, यहाँ तक कि बुरी से बुरी स्थिति में भी यदि वे बायोमीट्रिक्स को स्टोर करने में कामयाब हो गए, तो जब कभी भी वे इसका इस्तेमाल करने की कोशिश करेंगे, आपके पास इसकी सूचना जरूर पहुँचेगी। इसके आधार पर आप अपनी शिकायत दर्ज करा सकते हैं।

आधार बायोमीट्रिक्स की लॉकिंग की सुविधा भी मुहैया कराता है, इसलिए कोई अन्य इसका इस्तेमाल नहीं कर सकता, जब तक कि आप इसको खोलते नहीं और इसे खोलने के लिए आपके मोबाइल पर 'वन टाइम पासवर्ड' भेजा जाता है। एक बार जब आप इस पासवर्ड का इस्तेमाल कर लेते हैं, तो पंद्रह मिनट के बाद वह फिर से लॉक हो जाता है।

आधार कार्ड ने बिछड़े परिवार से मिलाया

आधार को लेकर एक अच्छी खबर। एक मंदबुद्धि युवक दो साल पहले अपने परिवार से बिछड़ गया, लेकिन आधार कार्ड के कारण वह दोबारा अपने परिवार से मिल गया। बिछड़ने के बाद दोबारा आधार कार्ड की वजह से परिवार से मिलनेवाला यह खुशकिस्मत युवक इंदौर का नरेंद्र उर्फ मोनू चंदेल है। मोनू मंदबुद्धि है और दो साल पहले अपने परिवार से बिछड़ गया था। परिजन ने काफी तलाशा, लेकिन नहीं मिला। दिसंबर 2015 में उसकी गुमशुदगी की रिपोर्ट दर्ज कराई गई।

मजदूर पिता रमेश चंदेल अपने बेटे को पाने की आस खो चुके थे, लेकिन अचानक उन्हें प्रशासन ने सूचना दी कि उनका खोया बेटा मिल गया है और बंगलुरु में है। पिता अपने बेटे को पाकर बहुत खुश हैं।

दरअसल, बंगलुरु के जिस संस्थान में मोनू को रखा गया है, वहाँ कुछ दिन पहले आधार कार्ड के लिए कैंप आयोजित किया गया था। मोनू के फिंगर प्रिंट और आँखों के रेटिना की स्कैनिंग ली गई, तो सॉफ्टवेयर ने उसे एक्सेप्ट नहीं किया। तकनीकी परेशानी जानने के लिए जाँच की गई। फिंगर प्रिंट से मिलान किया गया तो पता चला कि युवक का आधार कार्ड पहले बना हुआ है। डिटेल निकाली गई तो युवक की पहचान मोनू के रूप में सामने आई।

फिर प्रशासन ने मोनू का पता और परिवार की जानकारी निकाली। तब पता चला कि मजदूरी करनेवाले रमेश का बेटा मोनू दो साल पहले लापता हो गया था। फोटो से मिलान किया गया तो बंगलुरु की संस्थानवाला युवक मोनू ही निकला। अपनी तरह का यह पहला मामला है, जब आधार कार्ड की मदद से कोई गुमशुदा व्यक्ति मिला हो।

आधार से 9 अरब डॉलर की बचत

गत दिनों अंतरराष्ट्रीय मुद्रा कोष और विश्व बैंक की सालाना बैठक से इतर एक कार्यक्रम में आधार के प्रवर्तक नंदन नीलेकणि ने कहा कि आधार में अनूठी संख्या है, जिसकी वजह से लाभार्थियों और कर्मचारी सूची से नकली लाभार्थियों को खत्म किया गया है।

आधार प्रणाली पर अब एक अरब से ज्यादा लोग पंजीकृत हैं। देश में ऐसे 50 करोड़ लोग हैं, जिन्होंने अपनी पहचान को सीधे बैंक खातों से जोड़ा है। दुनिया की सबसे बड़े नकदी हस्तांतरण प्रणाली में सरकार ने इलेक्ट्रॉनिक रूप से 12 अरब डॉलर बैंक खातों में हस्तांतरित किए। आधार से इसी तरह की और भी कई चीजें जुड़ी हैं।

अगर सही डिजिटल ढाँचा विकसित करना है तो आपको ज्यादा लंबी छलाँग लगानी होती है। डेटा अर्थव्यवस्था की दुनिया में पहचान प्रमाणन, कठोर भुगतान, कागजरहित लेन-देन, ये सभी नए डिजिटल अर्थव्यवस्था के महत्त्वपूर्ण स्तर हैं। यही भारत ने भी किया है। पूरे विश्व में भारत अकेला ऐसा देश है, जहाँ एक अरब लोग इस बुनियादी ढाँचे का इस्तेमाल करके अपने मोबाइल फोन से कागजरहित, कैशलेस लेन-देन कर सकते हैं, जो नाटकीय रूप से लागत में कमी लाता है।

बैंक खाते, मोबाइल नंबर, गैस कनेक्शन और अन्य जरूरी सुविधाओं से आधार लिंक कराने के बाद अब सरकार ने सभी डाकघर जमा खातों के लिए बायोमीट्रिक पहचान संख्या आधार को अनिवार्य कर दिया है। अब डाकघरों में लोक भविष्य निधि, राष्ट्रीय बचत पत्र और किसान विकास पत्र के लिए अपना आधार नंबर देना जरूरी होगा। मौजूदा जमाकर्ताओं को 12 अंक की अपनी विशिष्ट पहचान संख्या देने के लिए 31 दिसंबर, 2017 तक का समय दिया गया था।

वित्त मंत्रालय ने अधिसूचनाएँ जारी कर सभी डाकघर जमा खातों, पी.पी.एफ., एन.एस.सी. और के.वी.पी. खाते खोलने के लिए आधार को अनिवार्य कर दिया है। अधिसूचना में कहा गया है कि यदि किसी व्यक्ति को आधार नंबर नहीं मिला है तो उसे अपने आधार नामांकन का प्रमाण देना होगा। इसमें कहा गया था कि मौजूदा जमाकर्ताओं, जिन्होंने आवेदन के समय अपना आधार नंबर नहीं दिया है, वे संबंधित डाकघर बचत बैंक या संबंधित कार्यालय में इसे 31 दिसंबर, 2017 या उससे पहले जमा कराएँ।

इन राज्यों में पैन के लिए आधार अनिवार्य नहीं

राजस्व विभाग ने असम, जम्मू-कश्मीर और मेघालय तथा 80 साल से ऊपर के नागरिकों के लिए पैन कार्ड प्राप्त करने तथा कर रिटर्न दाखिल करने के लिए आधार संख्या उपलब्ध कराने की अनिवार्यता से छूट दी है। सरकार ने इस संदर्भ में अधिसूचना जारी की है। यह अधिसूचना ऐसे समय आई है, जब उच्चतम न्यायालय में पैन (स्थायी खाता संख्या) तथा आयकर रिटर्न दाखिल करने के लिए आधार के उपयोग की अनिवार्यता को दी गई चुनौती लंबित है। शीर्ष अदालत ने आधार को अनिवार्य किए जाने के लिए आयकर कानून में प्रावधान की संवैधानिक बाध्यता को चुनौती देने वाली याचिकाओं पर अपना फैसला सुरक्षित रखा है।

वित्त मंत्रालय की अधिसूचना में वैसे लोगों को छूट दी गई है, जिनके पास आधार संख्या या पंजीकरण आई.डी. नहीं है और जो असम, जम्मू कश्मीर और मेघालय में रहते हैं। यह छूट 80 साल से अधिक उम्र के लोगों और प्रवासी भारतीयों को भी दी गई है। 1 जुलाई, 2017 से पैन के आवेदन हेतु आधार को अनिवार्य कर दिया गया है। विभाग ने अबतक 1.18 करोड़ आधार को पैन से जोड़ा है।

मोबाइल से न जोड़ें आधार

पश्चिम बंगाल की मुख्यमंत्री ममता बनर्जी ने मोबाइल नंबर को आधार से लिंक किए जाने के फैसले का विरोध करते हुए कहा कि यदि उनका नंबर बंद भी हो जाए, तब भी वह अपना नंबर लिंक नहीं कराएँगी। फोन से आधार को नहीं जुड़वाया जाना चाहिए।

ममता बनर्जी ने कहा कि केंद्र सरकार लोगों के अधिकारों और निजता में दखल दे रही है। आधार को किसी के मोबाइल से लिंक नहीं किया जाना चाहिए। अगर मेरा नंबर बंद कर दिया जाए तो भी मैं अपना नंबर आधार से लिंक नहीं कराऊँगी। यह लोगों की निजता में दखल देने की केंद्र सरकार की रणनीति है। हमें मोबाइल कंपनियों को आधार संख्या नहीं देनी चाहिए। उन्होंने

कहा कि तृणमूल कांग्रेस इसका विरोध करती रहेगी, चाहे पार्टी के सभी नेताओं को जेल भेज दिया जाए।

आधार कार्ड से बारह रेल टिकट

आधार कार्ड रखनेवालों को अब रेल में सफर करना आसान हो गया है, क्योंकि आई.आर.सी.टी.सी. ने रेलवे टिकट की बुकिंग के लिए आधार वेरीफिकेशन करने पर 1 महीने के अंदर 12 टिकट बुक कराने की सुविधा दी है। खास बात यह है कि रेल टिकट बुक कराने के लिए आधार को अनिवार्य नहीं किया गया है। आधार वेरीफिकेशन कराने पर ऑनलाइन टिकट बुकिंग में मौजूदा छह टिकट की सीमा को हर महीने के लिए 12 टिकट कर दिया गया है।

आई.आर.सी.टी.सी. ने ऑनलाइन टिकट बुकिंग के लिए अपने दिशा निर्देश में बदलाव किए हैं। नवंबर 2017 से आई.आर.सी.टी.सी. के पोर्टल पर आधार नंबर को अपलोड करने की सुविधा दी गई है। इसमें हर अकाउंट पर हर महीने के लिए आधार वेरीफिकेशन होने के बाद छह टिकट की मौजूदा सीमा को बढ़ाकर 12 टिकट कर दिया गया है। इस लिमिट में आई.आर.सी.टी.सी. की वेबसाइट पर किसी अकाउंट में बुक कराए गए टिकट के साथ-साथ रेल कनेक्ट मोबाइल एप्लीकेशन ऐप के जरिए बुक कराए गए टिकट को भी शामिल किया गया है।

आई.आर.सी.टी.सी. अकाउंट में 'मास्टर लिस्ट' में आप उन लोगों के नाम भी अपडेट कर सकते हैं, जिनके साथ आप यात्रा कर सकते हैं। ऐसे में यदि आप अधिकतम टिकट की सीमा पार कर चुके हैं तो उनके आधार कार्ड पर टिकट बुक किया जा सकता है, लेकिन महीने के 6 टिकट बुक करने से पहले आपको 'मास्टर लिस्ट' अपडेट करनी होगी।

सिर्फ आधार कार्ड आपकी पहचान

सरकार द्वारा लोकसभा में कहा गया कि भविष्य में पहचान के लिए

केवल आधार कार्ड ही काम आएगा। वोटर आई.डी. और पैन को पीछे छोड़ते हुए आनेवाले दिनों में आधार ही एकमात्र कार्ड होगा। इन सभी के मुकाबले एक आधार कार्ड ही किसी भी व्यक्ति की पहचान के लिए काफी होगा।

कैदी से मुलाकात के लिए आधार

छत्तीसगढ़ की सभी कारागारों में बिना आधार कार्ड अब कोई भी बंदियों से नहीं मिल पाएगा। प्रदेश के जेल मुख्यालय ने यह निर्देश सभी जेल अधीक्षकों को जारी किया है। सुरक्षा के लिहाज से जेल मुख्यालय एवं सुधारात्मक सेवाओं ने यह फैसला लिया है कि 1 सितंबर, 2017 से प्रदेश की सभी जेलों में निरुद्ध बंदियों से मुलाकात करने के लिए उनके परिजन को आधार कार्ड दिखाना होगा।

बिना आधार कार्ड के किसी को भी बंदी से मुलाकात नहीं कराने के सख्त निर्देश जेल अधीक्षकों को जारी किए गए हैं। जेल में बंदियों से मिलने के लिए परिजनों को आधार कार्ड लाना अनिवार्य होगा। आधार कार्ड दिखाने के बाद उसका सत्यापन कराया जाएगा, उसके बाद ही संबंधित बंदी से मुलाकात कराई जाएगी।

गोपीयता को लेकर चिंताएँ

सर्वोच्च न्यायालय के निर्णय के बाद निजता के अधिकार को मूल अधिकार बना दिया गया है। आधार को लेकर न्यायालय द्वारा अलग से भी सुनवाई की जा रही है। दरअसल, कई लोगों का मानना है कि आधार को जिस तरीके से लागू किया जा रहा है, वह आम आदमी की निजता का हनन है। आज जहाँ अधिकांश लोग इस बात से परिचित हैं कि आधार में कुछ तो खामियाँ हैं, वहीं जो थोड़ा जानकार वर्ग है, वह इस बात से चिंतित है कि आधार के तहत एकत्रित लोगों की निजी सूचनाएँ, जहाँ रखी गई हैं, वे कहीं अन्यों से साझा तो नहीं की जा रहीं ? जबकि आधार को लेकर जो वास्तविक चिंताएँ हैं, वे कुछ और ही हैं।

जैसा कि बताया गया है, आधार का आरंभ इस उद्‌देश्य से किया गया था कि प्रत्येक भारतीय को एक विशेष पहचान संख्या दे दी जाए, जिसकी मदद से सरकार द्वारा प्रदान किए जानेवाले लाभों का एक समान वितरण सुनिश्चित किया जा सके। इस योजना के तहत भारत सरकार एक ऐसा पहचान-पत्र देती है, जिसमें 12 अंकों का एक विशेष नंबर दिया जाता है। अब किसी व्यक्ति के बारे में अधिकांश बातें 12 अंकोंवाले एक कार्ड के जरिए प्राप्त की सकती हैं, जिसमें उसका नाम, पता, उम्र, जन्म तिथि, उसके उँगलियों के निशान यानी फिंगरप्रिंट और आँखों की स्कैनिंग तक शामिल है।

ज्ञात हो कि आधार योजना को यू.पी.ए. सरकार ने पहले बिना किसी कानूनी सरंक्षण के ही जारी कर दिया था। हालाँकि बाद में सरकार को अपनी गलती का एहसास हुआ और वर्ष 2010 के दिसंबर महीने में 'आधार' को कानूनी आधार देने के उद्‌देश्य से एक साधारण विधेयक लाया गया। साधारण विधेयक लाने का अर्थ यही था कि राज्यसभा और लोकसभा, दोनों सदनों में पारित हो जाने के पश्चात् ही यह कानून का रूप ले सकता था। दोनों सदनों में आधार को लेकर खूब हो-हल्ला मचा, आधार और निजता के अधिकार को लेकर एक व्यापक बहस छिड़ गई।

संसद् की स्थायी समिति ने अपनी रिपोर्ट में आधार को लेकर अहम् चिंताएँ व्यक्त कीं और सुप्रीम कोर्ट में पी.आई.एल. दायर की गईं। तब माननीय सुप्रीम कोर्ट ने आधार को अनिवार्य किए जाने पर प्रतिबंध लगा दिया और कहा कि सरकार की कुछ ही योजनाओं में आधार की अनिवार्यता बनी रहनी चाहिए। वर्ष 2014 में सत्ता में आते ही एन.डी.ए. सरकार ने आधार को हर मर्ज की दवा समझ लिया और धीरे-धीरे सभी योजनाओं में आधार अनिवार्य करने की तरफ कदम बढ़ाना शुरू कर दिया। हालाँकि इस संबंध में न्यायालय के आदेशों का जमकर उल्लंघन भी हुआ। बाद में आधार को संसद् में धन-विधेयक के तौर पर पेश कर दिया गया। वर्तमान में आधार की वैधानिकता को लेकर सर्वोच्च न्यायालय में सुनवाई चल रही है।

आधार से संबंधित वास्तविक समस्याएँ

आधार को लेकर एक आम धारणा यह है कि केंद्रीय पहचान डाटा भंडार, जहाँ कि निजी सूचनाएँ एकत्र कर रखी जाती हैं, एक ऐसा स्थान है, जहाँ से जानकारियाँ साझा नहीं की जाती हैं, जबकि आधार अधिनियम 2016 में सी.आई.डी.आर. की जानकरियों को साझा ही करने के लिए कुछ प्रावधान बनाए गए हैं।

आधार से जुड़ी हुई, जो दूसरी और सबसे बड़ी समस्या है, उसे समझने के लिए पहले हमें यह जानना होगा कि आधार के तहत कैसी सूचनाएँ एकत्रित की जा रही हैं।

- दरअसल, आधार के तहत तीन तरह की सूचनाएँ जुटाई जा रही हैं—बायोमीट्रिक जानकारियाँ, पहचान संबंधी जानकारियाँ और व्यक्तिगत जानकारियाँ।
- बायोमीट्रिक जानकारियाँ वे जानकारियाँ हैं, जिनमें किसी व्यक्ति की उँगलियों के निशान यानी फिंगरप्रिंट, आँखों की स्कैनिंग यानी आयरिश और उसके फोटोग्राफ आदि शामिल हैं।
- पहचान संबंधी जानकारियाँ में व्यक्ति के आधार नंबर से जुड़ी तमाम स्थान विशेष की जानकारियाँ हैं, जैसे व्यक्ति का नाम क्या है, वह कहाँ रहता है, उसका जन्म कब हुआ, उसका फोन नंबर क्या है, इत्यादि।
- जो तीसरे प्रकार की जानकारी है, उसे लेकर सर्वाधिक चिंता व्यक्त की जा रही है। 'व्यक्तिगत जानकारी' शब्द का आधार अधिनियम में प्रयोग नहीं किया जाता है, लेकिन यह व्यापक अर्थोंवाला है।

इसके तहत किसी व्यक्ति के बारे में निजी सूचनाएँ एकत्र की जाती हैं, जैसे वह कहाँ यात्रा कर रहा है, वह किससे फोन पर बात करता है, वह कितना कमाता है, वह क्या खरीदता है और इंटरनेट पर क्या देखता है। ज्ञात हो कि आधार में प्रत्यक्ष तौर पर निजी जानकरियाँ एकत्र करने संबंधी कोई प्रावधान है, लेकिन जिस तरह से इसे लागू किया जा रहा है, उसमें यह

निहित है कि किसी की व्यक्तिगत जानकारियों तक आराम से पहुँच बनाई जा सकती है।

व्यक्तिगत जानकारियाँ

आधार अधिनियम में यह सुनिश्चित किया गया है कि व्यक्ति की बायोमीट्रिक जानकारियाँ सुरक्षित हाथों में रहें, लेकिन निजी जानकारियों को साझा किए जाने से रोकने के लिए कोई प्रावधान नहीं है। इस अधिनियम की धारा 8 में जानकारियों को 'थर्ड पार्टी यूजर' से साझा करने संबंधी प्रावधान हैं। आरंभ में प्रावधान यह था कि यदि कोई थर्ड पार्टी किसी व्यक्ति के फिंगर प्रिंट को दिखाते हुए यू.आई.डी.ए.आई. से बस यह पूछ सकता था कि यह फलाँ व्यक्ति है या नहीं? लेकिन बाद में धारा 8 में व्यापक बदलाव कर दिया गया। अब थर्ड पार्टी यूजर संबंधित व्यक्ति के बारे में उसकी पहचान से जुड़ी जानकारियाँ भी माँग सकता है।

आगे की राह

यदि ट्रेन टिकट, सिम कार्ड आदि के लिए भी आधार अनिवार्य कर दिया गया तो सरकार के साथ-साथ थर्ड पार्टी यूजर के पास भी व्यक्ति की वे तमाम जानकारियाँ होंगी, जिसे वह किसी से बाँटना नहीं चाहता, जैसे वह कहाँ यात्रा करता है, वह किससे बात करता है इत्यादि। इससे एक सर्विलांस समाज के निर्माण को बल मिलेगा। हालाँकि आधार एक कल्याणकारी उद्देश्योंवाली योजना है, जिसकी सहायता से 'डायरेक्ट बेनिफिट ट्रांसफर' जैसे उपक्रमों को आसान बनाया जा सकता है, भ्रष्टाचार में कमी लाई जा सकती है और अपराधियों को कानून की जद में लेना आसान बनाया जा सकता है, लेकिन इससे जुड़ी हुई तमाम चिंताओं को नजरअंदाज करना उचित नहीं कहा जा सकता है।

आधार के संबंध में सरकार का प्रयास निश्चित ही सराहनीय है, लेकिन लोगों की निजी सूचनाएँ निजी ही बनी रहें, इसके लिए निजता संबंधी ठोस

कानून लाना होगा। हाल ही में न्यायालय द्वारा ताकीद किए जाने से पहले देश में डेटा सरंक्षण कानून बनाने का प्रयास तक नहीं हुआ था। न्यायालय ने निजता को अब मूल अधिकार का दर्जा दे दिया है और आधार मामले में सुनवाई जारी है, ऐसे में उम्मीद की जानी चाहिए कि न्यायपालिका एक बार फिर विधि निर्माण की व्यावहारिक दिशा तय करनेवाली है।

प्लास्टिक आधार कार्ड

अगर आपके पास आधार कार्ड है या फिर आधार कार्ड बनवानेवाले हैं तो यह खबर आपके लिए जानना जरूरी है।

दरअसल प्लास्टिक आधार कार्ड को लेकर चेतावनी जारी की गई है। भारतीय विशिष्ट पहचान प्राधिकरण (यू.आई.डी.ए.आई.) ने प्लास्टिक कार्ड को लेकर कहा अगर आप 50 से 200 रुपए देकर प्लास्टिक आधार कार्ड बना रहे हैं तो सावधान हो जाएँ। यू.आई.डी.ए.आई. के मुताबिक कागज पर छपा आधार पूरी तरह वैध है, वहीं स्मार्ट या प्लास्टिक कार्ड यू.आई. डी.ए.आई. द्वारा जारी की गई कोई धारणा नहीं है।

लोगों को आगाह करते हुए यू.आई.डी.ए.आई. ने कहा कि आप ऐसी एजेंसियों के झाँसे में न पड़े। यू.आई.डी.ए.आई. ने कहा कि कागज पर छपा हुआ आधार कार्ड या फिर साधारण कागज पर डाउनलोड किया गया आधार हर प्रकार के उपयोग के लिए पूरी तरह वैध है। उस पर कोई परत चढ़ाने अथवा प्लास्टिक कार्ड पर छपाई के लिए अपना ब्योरा देने की आवश्यकता नहीं है। आधार कार्ड का बिना अनुमति प्रकाशन करना अपराध है, आधार कानून 2016 के अध्याय-6 के तहत भी अपराध है।

आधार पर खड़ा होगा ड्राइविंग लाइसेंस

एक ही नाम से कई ड्राइविंग लाइसेंस बनानेवालों पर लगाम लगने जा रही है। केंद्र ने राज्यों से ड्राइविंग लाइसेंस बनवाते वक्त आधार कार्ड से पहचान करना अनिवार्य करने को कहा है। नए ड्राइविंग लाइसेंस बनवाने या

पुराने को रिन्यू कराने के लिए आधार कार्ड जरूरी हो गया है। ऐसा इसलिए किया गया है, ताकि एक शख्स को एक से ज्यादा ड्राइविंग लाइसेंस जारी न किए जाएँ।

ऐसे कई मामले सामने आ चुके हैं, जब ट्रैफिक नियमों का उल्लंघन करनेवालों ने ड्राइविंग लाइसेंस निलंबित किए जाने पर दूसरा ड्राइविंग लाइसेंस बनवा लिया। कुछ मामलों में फर्जी पहचान-पत्र के लिए भी गलत तरीके से ड्राइविंग लाइसेंस बनवाए गए। लिहाजा ट्रैफिक नियमों का उल्लंघन करनेवालों का लाइसेंस पुलिस जब्त कर भी ले तो भी ये गतिविधियाँ रुकती नहीं हैं।

सड़क परिवहन मंत्रालय ने ड्राइविंग लाइसेंस के लिए आधार कार्ड जरूरी करने की योजना पर काम शुरू कर दिया है। ड्राइविंग लाइसेंस जारी करना राज्य का विषय है, लिहाजा केंद्र सरकार राज्यों से इस सिस्टम को अपनाने का अनुरोध करेगी। सूत्र ने बताया कि आधार नंबर की बॉयोमीट्रिक्स डीटेल से इस तरह की गतिविधियों पर लगाम लगेगी और नया नियम जल्दी लागू होनेवाला है।

अब किसी आवेदक की पहचान को स्थापित करने के लिए अकेले आधार कार्ड ही पर्याप्त दस्तावेज होगा। अगर किसी के पास आधार कार्ड नहीं है तो उसे दूसरे दस्तावेज जमा करने होंगे। आर.टी.ओ. को इन डीटेल्स का रिकॉर्ड रखने के लिए, सक्षम बनाने की योजना पर काम किया जा रहा है, जिससे पता लग सकेगा कि आवेदक के नाम से देश में कहीं पहले से कोई ड्राइविंग लाइसेंस तो जारी नहीं है।

□

AADHAR

10

आधार पर आधारित योजनाएँ

मिड-डे मील

स्कूलों में मिड-डे मील और सर्व शिक्षा अभियान सहित तीन दर्जन से अधिक केंद्रीय योजनाओं में सब्सिडी का लाभ लेने के लिए आधार को अनिवार्य किया गया।

दीनदयाल अंत्योदय योजना

राष्ट्रीय सामाजिक सहायता कार्यक्रम और दीनदयाल अंत्योदय योजना के लिए आधार कार्ड जरूरी।

एल.पी.जी. सब्सिडी

एल.पी.जी. सब्सिडी और पी.डी.एस. के जरिए राशन लेने के लिए आधार कार्ड जरूरी।

इंटरकास्ट शादी

एस.सी./एस.टी. के लिए इंटरकास्ट शादियों के लिए मिलनेवाली सहायक राशि के लिए भी आधार डीटेल्स देना जरूरी।

सर्व शिक्षा अभियान

साक्षर भारत योजना और सर्व शिक्षा अभियान से जुड़ी सुविधाओं का लाभ लेने के लिए भी आधार अनिवार्य।

नेशनल हैल्थ मिशन

नेशनल हैल्थ मिशन के तहत स्टाफ को दिए जानेवाले पैसों को लेने के लिए आधार को स्वास्थ्य मंत्रालय द्वारा अनिवार्य बनाया गया।

प्रधानमंत्री आवास योजना

प्रधानमंत्री आवास योजना के लिए आधार कार्ड जरूरी हुआ।

अटल पेंशन योजना

सरकार ने केरोसिन खरीदने पर मिलनेवाली सब्सिडी पाने और अटल पेंशन योजना का लाभ लेने के लिए आधार कार्ड को अनिवार्य किया।

प्रोविडेंट फंड

आधार कार्ड के बिना प्रोविडेंट फंड नहीं। केंद्र सरकार की भविष्य निधि योजना का फायदा आपको रिटायर होने, रोजगार खत्म होने और मौत के बाद आपके परिवार को मिलेगा। प्रॉविडेंट फंड का पैसा भी उसी अकांउट होल्डर को आसानी से मिलेगा, जो 12 डिजिटवाले अपने आधार नंबर को कर्मचारी भविष्य निधि संगठन (ई.पी.एफ.ओ.) के यहाँ रजिस्टर्ड करवाया होगा, ताकि रिटायरमेंट के बाद किसी भी कमर्चारी को पैसा निकालने में कठिनाई न हो। इसके लिए इसे अनिवार्य बनाया गया है।

केंद्रीय स्कॉलरशिप

सामाजिक न्याय मंत्रालय ने भी आधार कार्ड को 6 स्कॉलरशिप योजनाओं का लाभ लेने के लिए अनिवार्य बनाया। एच.आर.डी. मिनिस्ट्री ने कॉलेज और यूनिवर्सिटी स्टूडेंट्स के लिए केंद्रीय स्कॉलरशिप का फायदा लेने के लिए आधार कार्ड को अनिवार्य कर दिया है या उन्हें आधार सत्यापित, यानी अटैस्ट करवाना जरूरी होगा।

प्रधानमंत्री जनधन योजना

प्रधानमंत्री जनधन योजना के लिए आधार जरूरी। पी.एम.जे.डी.वाई. का लाभ उठाने के लिए आधार कार्ड ही पर्याप्त है। इसके जरिए कोई भी भारतीय किसी भी बैंक में अपना अकाउंट जीरो बैंलेंस पर खुलवा सकता है। अगर डॉक्यूमेंट प्रूफ के तौर पर आपके पास आधार कार्ड है तो कोई और प्रूफ देने की जरूरत नहीं है।

डायरेक्ट बेनिफिट ट्रांसफर

प्रत्यक्ष सब्सिडी लाभ हस्तांतरण कार्यक्रम के अंतर्गत आनेवाली सभी 84 सरकारी योजनाओं के लिए आधार कार्ड जरूरी।

डायरेक्ट बेनिफिट ट्रांसफर फॉर एल.पी.जी. (डी.बी.टी.एल. स्कीम) आधार कार्ड पर आधारित डायरेक्ट बेनिफिट स्कीम (एल.पी.जी. सब्सिडी) केंद्र सरकार की एक बड़ी योजना है। इसके जरिए लाभार्थियों को सब्सिडी उनके बैंक अकाउंट में सीधे ट्रांसफर की जाती है। इस स्कीम को मोदी सरकार ने फिर से लॉन्च किया और 'पहल' नाम दिया। डी.बी.टी.एल. स्कीम का लाभ पाने के लिए 17 डिजिट के एल.पी.जी. कंज्यूमर नंबर से आधार नंबर को लिंक कराना होता है, जिसके बाद आपके बैंक अकाउंट में सब्सिडी का पैसा डायरेक्ट ट्रांसफर होता है। सरकार ने इस स्कीम को देश भर के 54 जिलों में 15 नवंबर, 2014 को लॉन्च किया।

पासपोर्ट

पासपोर्ट बनवाने के लिए भी आधार जरूरी। पासपोर्ट बनवाने के लिए सबसे अहम डॉक्यूमेंट के तौर पर आधार कार्ड का इस्तेमाल किया जा रहा है। यदि आप आधार कार्ड होल्डर हैं, तो आपको पासपोर्ट बनवाने में ज्यादा परेशानी नहीं होगी। आपका पासपोर्ट 7 से लेकर 10 दिनों के अंदर बन जाएगा, वहीं पासपोर्ट के लिए आधार नंबर को अनिवार्य बना दिया गया, जिससे इसको बनवाना बेहद जरूरी है। उसके बाद पुलिस वेरीफिकेशन होगा।

स्टॉक एक्सचेंज में इन्वेस्टमेंट

गत दिनों सिक्योरिटी ऐंड एक्सचेंज बोर्ड ऑफ इंडिया (सेबी) ने स्टॉक एक्सचेंज में इन्वेस्टमेंट करने के लिए निवास प्रमाण-पत्र के रूप में आधार कार्ड को मंजूरी दी। इसके पहले सेबी ने स्टॉक एक्सचेंज में इन्वेस्टमेंट करनेवालों के लिए 12 डिजिटवाले आधार कार्ड को सिर्फ पहचान प्रमाण-पत्र के तौर पर मंजूरी दी थी, पर अब यह ऐड्रेस प्रूफ के तौर पर भी पेश किया जा सकता है।

बैंक अकाउंट

यदि आप किसी बैंक में अपना अकाउंट खोलना चाहते हैं तो आपको किसी और डॉक्यूमेंट की जरूरत नहीं पड़ेगी। इसकी वजह यह है कि सरकार ने आधार नंबर को किसी भी सरकारी काम के लिए डॉक्यूमेंट प्रूफ के तौर मान्यता पहले से ही दे रखी है और बैंक भी इसको नए अकाउंट खोलने के लिए स्वीकार करने लगे हैं। चूँकि आधार कार्ड पर आपके घर का पूरा पता दर्ज होता है, जिससे उन्हें भी आसानी होती है।

वोटर कार्ड

देश भर में दिनोदिन फर्जी वोटरों की बढ़ती हुई संख्या को देखते हुए सरकार ने वोटर कार्ड को आधार कार्ड से लिंक करने की योजना बनाई है। इसके तहत अब 12 डिजिटवाले आधार कार्ड को आपको अपने वोटर आई.डी. कार्ड से लिंकअप करना होगा, क्योंकि एक बार आधार कार्ड से जब वोटर आई.डी. कार्ड लिंकअप हो जाएगा तो उसके बाद कोई फर्जी वोटर आई.डी. कार्ड नहीं बनवा पाएगा, साथ ही वोट डालते वक्त आधार कार्ड लाना भी अनिवार्य कर दिया गया है, ताकि फर्जी वोटिंग पर रोक लगाई जा सके।

डिजिलॉकर

मोदी सरकार द्वारा शुरू की गई बड़ी योजनाओं में से एक डिजिटल

इंडिया के तहत डिजिलॉकर का प्रावधान है, जिससे इ-डॉक्यूमेंट का इस्तेमाल किया जा सकता है। लोग अपना अकाउंट बनाकर इ-डॉक्यूमेंट जमा करें और डिजिटल सिग्नेचर का प्रयोग करके इस सुविधा का फायदा उठा सकते हैं। ये डिजिटल साइनवाले डॉक्यूमेंट सरकारी एजेंसियों या अन्य संस्थाओं द्वारा प्रयोग किए जा सकते हैं। डिजिटल लॉकर सिस्टम का मकसद हरेक भारतीय के सभी पर्सनल डॉक्यूमेंट को ऑनलाइन सुरक्षित रखना है। 12 डिजिटवाले आधार कार्ड के जरिए कोई भी साइन-इन करके अपना जरूरी डॉक्यूमेंट सरकारी सर्वर पर सुरक्षित रख सकता है। इस स्कीम का सबसे बड़ा लाभ यह है कि यदि किसी ने अपने डॉक्यूमेंट, चाहे एकेडमिक हों या पर्सनल, डिजिटल लॉकर में रख दिए हैं तो उन्हें कहीं जाने या माँगे जाने पर डॉक्यूमेंट को लेकर जाने की जरूरत नहीं होगी।

मंथली पेंशन योजना

सामाजिक सुरक्षा योजना के तहत चलाई जा रही मंथली पेंशन योजनाओं का फायदा सही लाभार्थियों तक पहुँचाने के लिए कई राज्य सरकारों ने इसे आधार कार्ड नंबर से जोड़ने का काम शुरू कर दिया है, ताकि कोई फर्जी पेंशन कार्ड बनवाकर उसका लाभ न उठा सके, क्योंकि इस तरह की शिकायत कई राज्यों में मिली हैं। ऐसे में जो सही मायने में पेंशन का हकदार है, उसे पेंशन नहीं मिल पाती है।

डिजिटल लाइफ सर्टिफिकेट

आधार कार्ड लिंकअप पर आधारित डिजिटल लाइफ सर्टिफिकेट स्कीम पेंशनभोगियों के लिए लॉन्च की गई है, जिसका नाम 'जीवन प्रमाण' रखा गया है। इस स्कीम से 1 करोड़ से अधिक पेंशनभोगियों को फायदा होगा। सरकार का इस स्कीम को लॉन्च करने का मकसद उस व्यवस्था की अनिवार्यता को खत्म करना है, जिसके तहत प्रत्येक पेंनशनभोगी को हर साल खुद बैंक में जाकर लाइफ सर्टिफिकेट पेश करना पड़ता है।

आयकर रिटर्न

आयकर विभाग टैक्सपेयर्स को आधार कार्ड के जरिए आयकर रिटर्न को इ-वेरीफाई करने की सुविधा देता है। इसके तहत अब आपको इनकम टैक्स रिटर्न फॉर्म भरकर सेंट्रल प्रोसेसिंग सेंटर भेजने की जरूरत नहीं पड़ती है। इसके लिए बस अपने इ-फाइलिंग खाते को आधार कार्ड के साथ जोड़ना भर है। एक बार यह कर दिया तो आपके वेरीफिकेशन के बाद पैन कार्ड के साथ आपका आधार कार्ड लिंक हो जाएगा।

व्हीकल रजिस्ट्रेशन

आंध्र प्रदेश में व्हीकल रजिस्ट्रेशन सर्टिफिकेट, लर्निंग लाइसेंस, पर्मानेंट ड्राइविंग लाइसेंस और वाहन का मालिकाना हक बदलने के लिए जुलाई 2015 से आधार कार्ड को अनिवार्य कर दिया गया है। वहाँ सभी तरह के रोड ट्रांसपोर्ट अथॉरिटी ट्रांजेक्शंस के लिए आधार कार्ड जरूरी हो गया है। वाहनों के लिए लोन लेना या देना भी आधार कार्ड के बिना नहीं हो सकता।

कर्मकांड

मंदिरों में कर्मकांड के लिए भी आधार जरूरी। गत दिनों दुनिया के सबसे अमीर मंदिरों में से एक तिरुपति के बालाजी मंदिर में अंगप्रदक्षिणम रस्म को करने के लिए बुकिंग के लिए आधार कार्ड को अनिवार्य कर दिया है। इसका फायदा है कि एक ही आदमी बार-बार इस रस्म को नहीं कर सकेगा, क्योंकि इसके लिए काफी ज्यादा माँग रहती है।

□□□